新颖解读伟大建筑
胡夫金字塔

［法］让·库兹尼亚尔（Jean Kuzniar） 著

孙维屏 译

李子昂 校

中国建筑工业出版社

目录

序

前言

引言

第一章　吉萨高地　　1

1. 吉萨高地的介绍　　2
2. 石材种类多样　　4
3. 埃及采石场　　4
4. 采石场开放与宗教仪式　　7
5. 早期工程　　7

第二章　工具及其用法介绍　　9

1. 建造和运石工具　　10
2. 原物大小般的工具　　13
3. 摇动式托架的历史　　14
4. 石块的储存　　18
5. 枢轴石　　19
6. 沙子上的搬运　　23
7. 墩木及其用途　　25
8. 起重杆　　25
9. 带槽石　　28

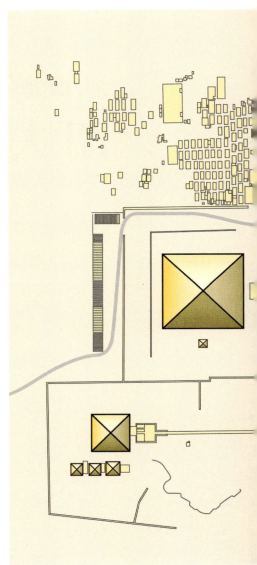

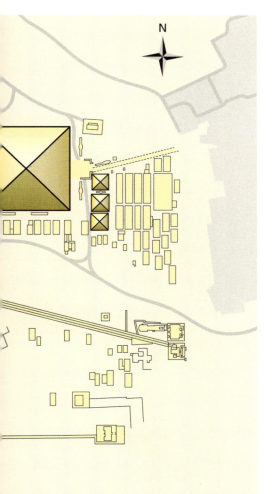

10. 采石工和砌石工的石材切割工具	30
11. 石锯	30
12. 木匠的工具	31
13. 土砖模具	31
14. 采石场石块的向下传送	32
15. 采掘方法	32
16. 将石块装船	34
17. 沙地吊升	35

第三章 准备程序 37

1. 石峰	38
2. 金字塔朝向	39
3. 金字塔地基的平整	41
4. 直角	43
5. 平面图	44
6. 石料运输	44
7. 大型石块的搬运	47
8. 吊杆	48

第四章　测量工具　　　　　　　49

第五章　坡道　　　　　　　　55

1. 金字塔坡道建设模型　　　　56
2. 运输平均重量达2.5吨的石块　61
3. 关于之字形坡道　　　　　　63
4. 在木橇上装载石块　　　　　65
5. 前坡道　　　　　　　　　　67
6. 百吨巨石的运输方案　　　　71
7. 通过垫双楔进行升高　　　　73
8. 不使用杠杆进行提升和搬运　75

第六章　地基和外包石　　　　77

1. 棱边和地基　　　　　　　　78
2. 砌层　　　　　　　　　　　82
3. 塔心部分　　　　　　　　　83
4. 外包石　　　　　　　　　　84
5. 砖块的尾部长度　　　　　　86
6. 建造地砌层　　　　　　　　88
7. 卸载石块　　　　　　　　　89
8. 堆砌外包石　　　　　　　　90

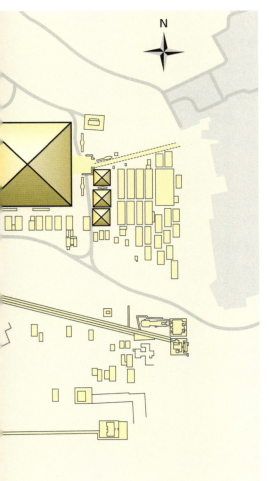

9. 安放人字梁	91
10. 完美连接点	92
11. 最终重新粉刷和打磨	93
12. 保护坡道	94

第七章　工人，木材　　95

1. 古王国时期木材的使用	96
2. 绳子	98
3. 工人	98

第八章　太阳船　　101

1. 胡夫葬船	102

结语　　104

参考文献　　106

序

自古以来，或者说至少在公元前5世纪中叶，从希腊历史学家希罗多德（Hérodote）游历埃及并参观吉萨高地的这一时代开始，有关胡夫大金字塔的建造方式便被提出，人类智慧为此不断摸索，后人世世代代都在努力尝试揭开这个鲜为人知的秘密。在他的调查研究中，对众多后人的理论进行了推测预演，将传说与观察结合，将荒谬的想象与理性的解释糅合，比如，他会假设存在一条围绕着金字塔地下室的通道。[1]

在这种背景下，"金字塔学"诞生了。法国埃及古物学家帕斯卡·弗努斯（Pascal Vernus）将"金字塔学"定义为："几世纪以来积累的各种天真的猜想、大胆的假设、狂妄的理论、含糊的推测，若非纯粹而简单的异想天开，至少亦是鲁莽的妄言妄语。"[2] 毫无疑问，同这不容辩驳的定义相比，本书所总结的让·库兹尼亚尔耐心而细致的研究并不属于"金字塔学"的范畴。

说其不属于"金字塔学"的范畴有两大原因。其一，他并非像其他作者般奢望解释一切。本书既不为揭示埃及建筑所谓的"秘密"，亦不为揭开所有金字塔的建造"奥秘"。显而易见的是，在已知的一百多座金字塔中，每一座金字塔都是唯一的、与众不同的。因此，

---

[1] 希罗多德《历史》第二卷，pp. 124–125。关于第二卷的评注，主要参见A. B. 劳埃德，希罗多德，第二册，第三卷，EPRO 43，1988；泰芬·哈齐扎，《希罗多德的万花筒》。希罗多德第二卷"古代研究142"中"埃及的意象、想象和表现"，巴黎，2009；洛朗·库伦，帕斯卡尔·乔瓦内利·朱安娜，弗洛尔·金梅尔–克劳泽（编辑），《希罗多德与埃及》。关于希罗多德《历史》第二卷的观点，COM 51, Litt. 18, 里昂，2013。

[2] 帕斯卡·弗努斯，《埃及法老的爱情语录》，普隆出版社，2009，p. 803。

就单纯的科学诚信而言，这项事业注定会失败，我们还是把它留给寻宝者和其他寻求认可或谋取利益的江湖骗子来研究吧。让·库兹尼亚尔本人在引言中就开始打这唯一的一剂预防针，使本该合理怀疑且要求严格的读者陶情适性。

其二是从方法论角度来看。库兹尼亚尔使用了一种原始的实验方法，这种基于连贯的考古语料库和建造工具的分析，迄今为止很少有研究人员认真利用它们：那些在挖掘中发现的工具或工具模型，它们沉睡在博物馆，等待一位细心的观察者，他足够关注细节，设法能够让它们诉说心声。这些工具或工具模型有些是在采石场和吉萨高地出土的，其余则来自第四王朝之后的"基础沉积物"，之所以这样讲，是因为它们可以追溯到新王国，但它们是正宗传统工具的微型复制品，凿子、滑轮、钻头、敲击球、大铁锤、木槌、锯、锛、镐等，埃及人照例将它们埋在建筑的四角。

尤其是"摇动式托架""储物架""枢轴石"，这些构件的确切功能几乎不为人所知，但当读到此书，它们自此便有了完整的意义。正如乔治·勒格林（Georges Legrain）[1]所言，让·库兹尼亚尔的这一大发现无疑是让人们理解了"摇动式托架"或"摇动升降机"的用途所在。经证实，对于运输从采石场开采的三吨以下的石块，使用摇动式托架的确是完美方案。实验表明，将这些构件连续并排安置，圆面向上，便可轻松持续地翻动石块，从一侧到另一侧。因此，根据惯性原理：重量驱动质量，这样只需在摇动时将托架置于正确方位即可，而并非像从古至今的学者那般，使圆面朝下进行搬运。

一旦接受这些摇动式托架的定位和功能，"储物架"的作用便不

---

[1] 参见奥古斯特·乔西，《古埃及建筑艺术》，巴黎，1904；雷金纳德·恩格尔巴赫，萨默斯·克拉克，《古埃及砌体》，牛津大学出版社，伦敦，1930，pp. 94–95和fig. 89。

言而喻了：这个简易装置能够暂时将石块固定于一个角度，这样两个工人，或两队工人能够同时将暴露的两个面展平，以便节省宝贵时间。

"枢轴石"的使用或许是让·库兹尼亚尔论证中的主要贡献。这些构件对于移动重五吨至几十吨，甚至几百吨的石块来说是必不可少的。它们的圆锥形底座和圆顶形的上部都可以被辨认出来。开罗博物馆、卢克索博物馆和伦敦皮特里博物馆展出大量此类构件，引得参观者驻足欣赏。须要强调的是，这些枢轴石是在古代采石场中发现的，它们的主要用途便毋庸置疑，尽管有些可能已被用作标准砝码。

作者解释道，这些构件要插入木梁。在法老时代，这种将一个石构件插入另一个木构件的技术十分常见。事实上，当代雕像就为我们提供了这方面的例子，例如著名的塞特卡（Setka），法老雷吉德夫（Rêdjédef）的儿子，胡夫（Khéops）的继任者，他的斑岩花岗石雕像，展现了一位坐着的誊写人，嵌在一个木质底座中，而这一木质底座又嵌在一个石灰石底座中。[1]

这些枢轴石采用闪长岩或花岗岩这种十分坚硬的材料造成[2]，它同插进其中的木梁、用绳索固定于梁上的圆形横杆以及接合在横杆下方

---

[1] 卢浮宫博物馆E. 12629，12631。参见克里斯蒂安·齐格勒，《古王国的埃及雕像》，巴黎卢浮宫，1997，pp. 26（摄影），64–68；《金字塔时代的埃及》，法国国家博物馆联合会，巴黎，1999，pp. 214–215；克里斯托夫·巴博坦，《象形文字之声》，胡夫（编辑），巴黎卢浮宫，2005，p. 134。

[2] 让·库兹尼亚尔致力于恰当区分"硬石"和"软石"，这一点决定了某种工具的用途。但是这种二分法与埃及人在另一个领域所采纳的方法类似。在其"遗传学"概念中，他们将人体具体分为两种元素，即人体由来自父亲的"硬元素"和来自母亲的"软元素"组成。这两种元素存在于不可改变的神圣宇宙中，分别与银（硬金属）和金（软金属）相关联。依据马修的作品《阿嘎斯等人》以及《在埃及》所言，"一切都完全取决于他的意愿！比如埃及埃斯纳关于人体的理念。"参考格雷尼尔2012年出版的文集第499至516页，埃及人的确对他们的建筑材料体系做出了同样的区分。

的木制杠杆，共同构成一种特殊装置。例如，其中一个横杆出现在著名花岗石柱运输图中，该图雕刻在从乌尼斯至塞加拉途中的一块石头上[1]。两个侧队轮流旋转撬棍，得以抬起一半的重量。因此不管是多大的巨石，人们也能毫不费力地使其向前移动。让·库兹尼亚尔的描述就很合理，工人们"像划桨人般"操纵撬棍。确切地说，从远古时代起，古埃及的工人队伍便是按照船员模式组成和命名的。[2]

让·库兹尼亚尔找到了另一构件的真实用途。这是塞利姆·哈桑（Selim Hassan）在肯特考斯王后（Khentkaous）墓地群附近的吉萨高地上发现的"带槽石"[3]。石块的深度使传统理论被推翻，即在现场可以看到用来滑动绳索的滑轮。此处看到安装的敲击工具便更具说服力，上部存在的穿孔就证实了这点。

关于石块的运输方式和大金字塔的建造步骤，我们可接受，抑或质疑作者对其进一步的分析。[4] 在这一领域，一旦推理不再基于对考古文物的观察，猜忌便会多一分，疑虑也能更合情合理。然而，让·库兹尼亚尔从未放弃对重建可行性的追求以及对埃及建筑大师实用主义的关注。此外，像前面提到的那样，让·库兹尼亚尔也并不是

---

1 参见奥德兰·拉布鲁斯，艾哈迈德·穆萨，《乌纳斯国王墓葬群的堤道》，外省图书馆134，（2002）2012；参见让·克劳德·戈永等的《从中王国到希腊——罗马时期的法老建筑》，巴黎，2004，p. 178，fig. 195；安德烈斯·迭戈·埃斯皮内尔，《牛津大学格里菲斯研究所塞尼尔的笔记本中记录的乌纳斯堤道石块》，在斯特鲁德维克·奈杰尔，斯特鲁德维克·海伦版的《古王国，新视角：埃及艺术与考古学》一书中，公元前2750—2150年，牛津大学，2009，pp. 50–70；多米尼克·法鲁特，《乌纳斯国王的铭文》，RdE 65，2014，pp. 49–73。

2 参见安·梅西·罗斯，《古王国时期的埃及部落》，东方古文明研究（SAOC）48，1991，pp. 41–59。

3 乔治·戈永，《大金字塔建造者的秘密：胡夫》，新版，巴黎，（1990）1999，pp. 61–62；埃里克·盖里尔，《金字塔：调查》，行进出版社，勒库德雷·马库瓦，2006，pp. 410–411。

4 关于木撬，可以查阅：罗伯特·帕特里奇，《古埃及的交通运输》，卢比孔出版社，伦敦，1996；西蒙·德尔沃，《埃及古王国至新王国时期的陆路运输方式》，保罗·瓦列里大学论文，蒙彼利埃出版社，2016，pp. 161–230。

金字塔学家。

他向埃及古物学家和一般公众提供系统的技术知识和工匠经验，他是一位尽责的研究者。大金字塔的建造奥秘远未众所周知，因为这座保存完好的古迹藏匿着什么，仍是未知数。然而今天，得益于让·库兹尼亚尔客观、务实和实验性的方法，可以说，这种未知正渐为淡化。

伯纳德·马蒂厄
（Bernard Mathieu）

前言

深切感谢伯纳德·马蒂厄（Bernard Mathieu）同意为我的书作序，感谢克里斯蒂安·哈切特（Christiane Hachet）将本书纳入收藏。他们两位都对我和我的工作十分信任。他们为我所做的一切使我感到十分荣幸，更让我感受到巨大的喜悦。同样要感谢前来参观我在圣–让–当热利（Saint-Jean-d'Angély）展览的朋友们，感谢他们的支持和鼓励。

需要注意的是，书中内容配有来自许多不同博物馆拍摄的照片，其中呈现的工具应与作者仿制的现代版区分开来。

引言

借助于科学的研究和实事求是的实践，本书将展示古埃及人是如何利用他们的工具建造出伟大的金字塔的。

本书并不会介绍所有金字塔的构造，而是围绕古埃及第四王朝的法老"胡夫"的金字塔展开。

尽管世界各地的埃及古物学家和考古学家进行了多项研究，但这种结构的很多方面在今天仍然是未解之谜。我希望通过实地实践来论证这项研究是如何为我开拓出富有挑战性视野的。

首先从查阅现有理论着手，并仔细查看所有能获取到的建筑图纸。这就需要一个大型样本，以及大量的参考文献。

从考古调查这个阶段开始，就可以参考一些小细节，这些细节只有具备经验的工匠才能发现并加以阐释。在考古阶段会有一些发现是没有任何文字记载的，因为在这个遥远的时代，纸莎草纸等尚未出现［除了皮埃尔·塔莱特（Pierre Tallet）在瓦迪伊尔–加尔夫港口遗址发现的卷宗］，所以我们只能作出一些假设，即使这些假设都是基于具体的经验得来的。

那些广为流传的推论并不能经得起埃及古物学家和建筑专业人士太长时间的推敲。

我不打算在这本书中解决所有问题，而是将对一个假设进行论证，该假设基于一个不同且务实的研究方式。我们从未深思在埃及发现的工具，但在了解了其实际用途后，解决方案显而易见。在古埃及使用工具是一种失传的技能，在本书中我将尽我所能让它重新焕发生机。作为工匠，我的职业为我探索建筑的结构及其可能的建造方法开辟了一个新的视角，一个不同的视野。退休后，我从各种日常琐事中解脱出来，并决定全身心地投入到这项任务中。不存任何先入之见，我开始了我的旅程。起初，我阅读了有关金字塔的出版物，然后参观了博物馆，参加了一些研讨会，最终我动身前往埃及。经过这段时间的研究，我意识到，在如何搬运、提升和处理重达数吨的砌块和巨石这一点上，没有任何理论能够令人信服。而了解工具的使用是解释所有体力劳动的基础，当人们开始涉足这个领域时，便需要一定的运气，我的运气便是发现并了解了当时工具的使用方法，这也是前人的研究从未考虑过的。

第一章

吉萨高地

1. 吉萨高地的介绍

为了建造有史以来最气派的标志性建筑，古埃及人开始了一项十分浩大的工程，一项即使采用现代的技术手段，都几乎是不可能完成的工程。吉萨高地和胡夫大金字塔至今仍是世界七大奇迹之一。吉萨高地工程的实施需要与建造胡夫金字塔一样多的工作量。当时在这片处于原始状态的高地上建造金字塔是不可想象的。这个高地在哪呢？

世界上所有伟大的建筑都隐藏着一个谜团。古王国时期的工匠和建筑师只给我们留下了些许文献，因此解决其施工方法的问题仍然是一个挑战。我建议对用于建造金字塔的工具进行调查。这项研究几乎无人问津，一方面是因为它的复杂性，另一方面则因为它的些许"禁忌性"可能会引发诸多争议。

人们提出了数十种所谓的"严肃"理论，但没有一个落到建造工具上。而作为所有建筑示范的基础，工具却在大多数博物馆中都有展出，它们能侧面反映出施工的速度。目前，我们还没有发现任何文件或者建筑计划，在中王国时期，也是仅有几幅彩绘浮雕向我们展示了被木橇拉着的庞然大物而已。之所以选择吉萨高地，是因为它绝佳的地理位置和可供即时使用的采石场。吉萨高地遗址是一个岩石高地，位于尼罗河西岸，距离开罗和尼罗河约10公里。埃及人首先在高地脚下修建了运河和港口。港口和金字塔底部之间的落差为40米[1]，中间有一个20米的悬崖。为了连接港口和高原之巅，必须要建造一条堤道。在吉萨伟大建筑竣工的两千年后，历史学家希罗多德到埃及参观，并称其为"里程碑式的堤道"。堤道长600~700米，宽18米[2]，现今已

---

1 乔治·戈永，《大金字塔建造者的秘密》，皮格马利翁出版社，巴黎，1990，pp. 131–137。
2 乔治·戈永，《不朽的堤道》，法国东方考古学报，1969，t. LXⅦ。

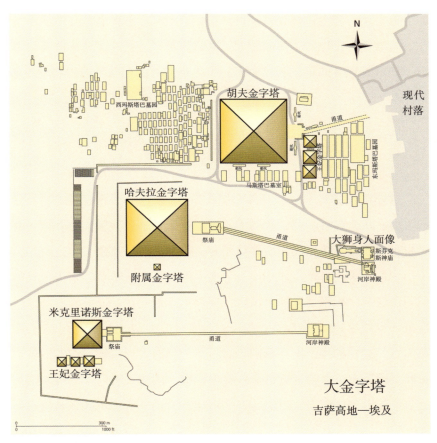

吉萨场址平面图（C彼得·赫尔墨斯·弗里安）

部分被毁。据希腊历史学家所言[1]，自选址以来，堤道的建设长达十年之久。

建筑工地一经确定，建筑工、采石工和砌石工就投入工作。准备好的建造石材经妥善运输并储存至仓库，并按高度进行石材选取和分类。木匠们制造了船、木筏、木橇以及所有的脚手架木材。里程碑式

1　乔治·戈永，《大金字塔建造者的秘密》，皮格马利翁出版社，巴黎，1990，p. 144。

的堤道、运河和港口都投入建设。肩负着不同任务的各个工队携手合作,同时进行工作。吉萨高地的工人资质不同,各个工种人数不计其数。项目管理者的组织工作力求完美,所有的工人都各司其职,各尽其责。

2. 石材种类多样

选址在吉萨高地是因为当地有采石场,便于为建设提供石材。工地里的石灰岩各种各样,因此无需冒长途运输的风险就能够获取一些石材,加快施工速度的同时降低了相关石材的开采难度。

古埃及人在各个领域都十分务实,尤其是在建造金字塔方面,他们不做任何目标不明确的事情,以便尽可能地满足己需并于己方便。建筑师也使用其他类型的石材进行建造,如白石灰石、货币虫灰石和花岗石,它们的用途不尽相同。岩石可分为两大类,即所谓的"软"石和"硬"石。这两种岩石有什么区别呢?用途又有何不同呢?这一细节十分重要,因为这将决定开采和切割石头时所选用的工具。

3. 埃及采石场

由于米色或灰色的货币虫岩石与工地相距不远,所以大型工程和填料均用这两种岩石,我们将其称之为货币虫灰岩。据乔治·戈永(G. Goyon)所言,构成高原的石滩以黏土层分隔开的地层的形式呈现,厚度从20厘米到一个薄层不等。借助一个简单的杠杆,就能轻而易举地将岩石从采石场移走。[1]

---

[1] 让·克劳德·戈永,让·克劳德·戈尔万,《法老式建筑》,皮卡德出版社,巴黎,2004,p.105。

如今，在凯夫伦金字塔周围仍然可以看到网格状的采石区。采石场主要分布在狮身人面像及其周围地区。狮身人面像是在已经存在的岩石残片上雕刻的。另外，哈夫拉金字塔附近还有另一个采石场。[1]

我们可以看出，石灰岩在古王国时期被广泛应用。

石灰岩主要有以下两种：一种是外观粗糙的灰色或黄色石灰岩，用于填充工程；另一种是美丽的白色石灰岩（jnr ḥd），用于装饰外观和制造建筑构件。后者来自图拉和马萨拉的白色石灰岩采石场，这两座城市坐落于尼罗河东岸山石陡峭的莫哈塔姆高地上。粗糙灰色的货币虫石灰石采石场则位于吉萨高地。

贝肯石或变泥质岩来自瓦迪哈马马特，颜色为绿色，是一种所谓的硬石，用于制作石棺、瑙斯、雕像或狮身人面像（如卢克索博物馆中的图特摩斯三世雕像）。

石英石是一种硅质岩石，来自格贝勒艾哈迈尔地区，后来取自位于阿斯旺附近的吉贝尔丁格尔和吉贝尔古拉卜，用于建造雕像、巨像、柱子、墓壁（如卡纳克的哈特谢普苏特的红色小教堂）。

粉红色的花岗石来自埃及南部的阿斯旺采石场，距离开罗800公里，必须用驳船沿尼罗河运输，这是一个漫长而艰辛的旅程。作为一种高贵石材，它被用来制作方尖碑、巨型雕像（如拉美西姆陵庙中拉美西斯二世的巨像），它同时也是神庙中塔架的建筑用石。粉红色的花岗石被广泛用于建造吉萨金字塔和上层室的胡夫石棺。

砂岩开采于卢克索以南160公里处的盖贝勒–西尔西拉采石场。从新王国开始，它为埃及和努比亚神庙的建造提供了大部分的石材。

辉绿岩或闪长岩被用作制造锤子的杵，在法尤姆和努比亚沙漠中

---

[1] 乔治·戈永，《大金字塔建造者的秘密》，皮格马利翁出版社，巴黎，1990，p. 107。

采石场分布图（迪特尔·阿诺德，《埃及建筑》，牛津大学出版社，1991年）

发现了这两种岩石。

玄武岩是我们在胡夫高庙里发现的一种黑色的石头。[1]

4. 采石场开放与宗教仪式

采石场开放迎来一个宗教仪式，即向神祈求恩赐，以保护工人免受邪恶的诅咒。[2]为保护吉萨高地自身，在其前方建造了一座神圣的围墙，用于接待像法老一样的神灵，同时还进行了另一种仪式（拉线），划定适合建造的区域。[3]

5. 早期工程

吉萨高地上，可开采的采石场近在咫尺。先用镐或火把表面质量低劣的石层清除掉。火势沿地层蔓延后用水冷却，岩石开裂后即可剥离表层，从而采到内部完好的岩石。采石的时候用火来切割是我无法想象的。只有在未触及高质量岩层而清除表面无用的岩层时才会采用这样的方式。然后，人们会用除火以外的其他方式开采这些高质量岩石，因为火无法直角切石成块。

如果没有一个能统一部署的"工程部门"，这样的建设项目是无法进行的。所有的相关计划、定向、水平、脚手架设计、内部结构、运输方式、房间大小、石块数量及体积的问题，都需要集中统一管理。所有这些工程在实施前都进行了研究。很难想象使用前的最后一

---

1 让·菲利普·劳厄，《金字塔未解之谜》，西岱出版社，巴黎，1988，pp. 130–131。
2 乔治·戈永，《采石场日常规定》，法国东方考古学报，《采石场和矿地的石碑铭文》，p. 197。
3 让·克劳德·戈永，让·克劳德·戈尔万，《法老式建筑》，皮卡德出版社，巴黎，2004，pp. 218–225。

刻才切割石块的后果。因此，必须确保有条不紊地将石块提前准备好。就算在今天，我们也难以提前做如此多的准备工作，这还不包括那些必须考虑在内的后勤工作，如对食物、水、厕所、医疗场所以及吃饭和休息场所的管理。

第二章

工具及其用法介绍

1. 建造和运石工具

几乎世界各地的博物馆里都收藏着建造金字塔的工具。这些工具主要藏于卢浮宫博物馆、伦敦开罗博物馆、约有8万件展品的伦敦皮特里博物馆以及都灵博物馆。虽然它们出土的时间较晚,却是如出一辙。

采石工和砌石工使用的工具
(摄影:让·库兹尼亚尔)

在所有解释金字塔构造的理论中,无一涉及工具这一主题!这些工具大多发现于庙宇地基中,是那个时代的记忆,它们的使用是解释古王国金字塔建造之关键。[1] 除了在吉萨高原上发现的一些更古老的玄武石球粒之外,它们中的大多数都可以追溯

枢轴石
(摄影:让·库兹尼亚尔)

到新王国时期。为求不朽,一位法老决定建造属于自己的金字塔和庙宇,地基便于那时建成。砌第一层前,通常在四个方位设置洞穴,并且为保证建筑本身完好,使其永久保存下来,会将地基沉积物置于洞穴中,这些沉积物由微型工具和神圣护身符以及陪葬俑组成。

地基沉积物代表着各行各业,如泥瓦匠、采石工、木匠、面包师、耕作者、酿酒师等。这些工具是原物的复制品,很难想象它们会

---

[1] 让·克劳德·戈永,让·克劳德·戈尔万,《法老式建筑:地基沉积物》,皮卡德出版社,巴黎,2004,pp. 225–226。

被用来建造如此宏伟的建筑。

  这些被发掘的地基沉积物，主要在卢浮宫博物馆展出，可以追溯到新王国的哈特谢普苏特时代（Hatchepsout），比我们无法确切证实的金字塔时代晚了一千年。

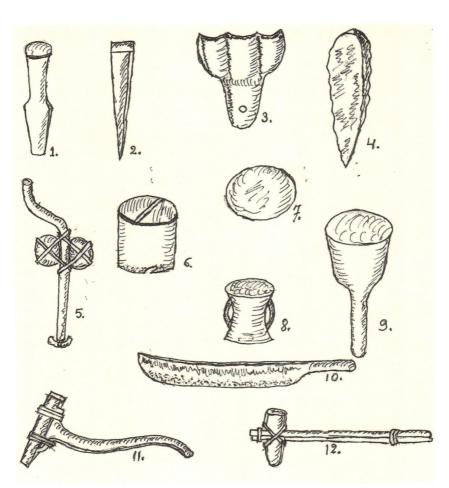

1.2–铜制凿子；3–槽轮；4–手镐；5–燧石钻机；6–管钻；7–玄武石或花岗石球粒；8–双手大锤；9–木槌；10–铜锯和石英锯；11–横口斧；12–手柄镐

石匠所用工具

四种采石和砌石所用的工具有一个乍一看并不明显的用途。它们由石头、木头制成，有时还辅以铜。这四种工具是摇动式托架、储物架、枢轴石和墩木，在巴黎卢浮宫、伦敦皮特里博物馆和开罗博物馆中都有收藏。因杠杆和滚木更为常见，所以没有位列其中。

我在不借助现代技术的情况下，按"原物大小"复原了这些4600年前就存在的工具，以展示它们的真实用途。它们的大小因石块重量而异，毕竟人们不会用同一工具搬运重50吨和5吨的石块。

区分不同种类的工具

玄武石球粒、木槌、楔子、凿子、杠杆、墩木、摇动式托架、枢轴石、储物架、测量工具（肘：古长度单位约0.5米）、锯（模型兼摄影：让·库兹尼亚尔）

工具由霍华德·卡特（H. Carter）发现

[《完整的图坦卡蒙》（*The complete Tutankhamun*），尼古拉斯·里维斯（Nicholas Reeves），泰晤士和哈德逊出版社（Thames & Hudson），伦敦，1990年]

2. 原物大小般的工具

摇动式托架（摄影：让·库兹尼亚尔）

储物架（摄影：让·库兹尼亚尔）

墩木（摄影：让·库兹尼亚尔）

枢轴石（摄影：让·库兹尼亚尔）

1.3吨重的石块（摄影：让·库兹尼亚尔）

6吨重的石块（摄影：让·库兹尼亚尔）

为了将这些工具投入使用，我制作了两个混凝土块：一个长1.50米，宽60厘米，重1.3吨；另一个长2.80米，宽1.10米，高0.80米，重6吨。

3. 摇动式托架的历史

这些工具中当属摇动式托架最为新奇，它引起了埃及古物学家和考古学家的巨大好奇心。他们都研究过该工具在金字塔建造过程中所发挥的作用。让-佛罕索瓦·商博良（J. –F. Champollion）曾提

摇动式托架（摄影：让·库兹尼亚尔）

及这个新奇之物，称其为"木制装置"。埃及古物学家兼卡纳克遗址（Karnak）的负责人乔治·勒格林（G. Legrain）首次将该工具命名为"摆动升降机"。[1] 毋庸置疑，它至关重要。

目前我们可以这么说，这种工具还未被证实是用于搬运石块，仅用来移动最大重量为3吨的方形石块，即大金字塔中的大部分石块。将摇架的圆面贴于地面的用法是错误的，正确的做法恰好相反，即圆面朝上。乍一看，在可行性方面这似乎是无稽之谈，却不失为一种解

初始位置（摄影：让·库兹尼亚尔）

1　让·菲利普·劳厄，《金字塔未解之谜：摆动升降机》，西岱出版社，巴黎，1989，p. 207。

摇动式托架，开罗博物馆（摄影：让·库兹尼亚尔）

在坡度为10%的斜面上移动1.3吨重的石块（摄影：让·库兹尼亚尔）

决方法。大家可以想象，在早期建筑中，石块是通过两块圆石或截下的树干来搬运的。

摇动式托架就是这种体系演变的结果，为当时提供了完善的工具。

这利用了惯性原理，即重量驱动石块。只需将摇动式托架贴于石块，将石块倾斜到与重心成一定角度。一旦过了重心，重量就会产生惯性，将石块拉至另一个角度，这样石块便可以在摇动式托架上移动。将摇动式托架连续并排放置在平坦的地面上，石块便可以平稳向前滚动。石块动起来后，重量的影响便不复存在，移动速度便疾如闪电。

我们可以将3吨作为这个原则的极限重量。如果摇动式托架的表面与石块的底部相匹配，那么在平坦的地面上，轻微推力就足以让它滚动。就像一台永动机，石块滚动越快，所需的推力也就越小。对于与摇动式托架相匹配的石块，即便是方形石块也能像圆柱般滚动。

卢浮宫展出了不同尺寸的摇动式托架，尺寸大小随石块大小变化而变化，弧度由石块底部圆面的直径决定。在某些对执行速度要求很

通过摇动式托架搬运，意大利的亚历山德里亚博物馆展览（摄影：让·库兹尼亚尔）

高的建造过程，这一原则解决了移动重达两到三吨的石块的问题。这不仅是必要的，而且是必须的。但它不适用于在坡道上抬高石块，适合用在采石场上移动数千块甚至数万块最重达3吨的石块。

采石场由不同厚度的地层组成。建造吉萨大金字塔主要的采石场就位于附近的高地上。这是施工速度快的一大原因。主坡道负责运送各种石块，瓦砾和碎块留下填充金字塔内部，方形石块运至储存地，按高度分类后用滚木运输，这是最便捷的方法。采石场的切割石块不靠近主坡道，有时要走几百米，那里有可移动的摇动式托架，石块被运走后，便能为工人以及来自各地的石块腾出全部的地方。

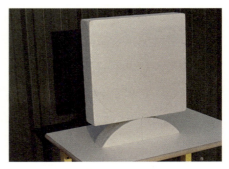

摇动式托架的弧度（摄影：让·库兹尼亚尔）

储物架，开罗博物馆（摄影：让·库兹尼亚尔）

待移动石块的位置（摄影：让·库兹尼亚尔）

这种将石块固定在一个角度上的方式还有另一个好处：采石工方便打磨两个面至平整，并且能单独将它们翻转到另外两面。工人会用一种工具将这些石块固定于一定角度，我称其为"储物架"，之所以这样命名，是因为它在卢浮宫博物馆还没有自己的专属名字。

大金字塔是逐层建造的，当有了足够的相同高度且切割良好的砖块时，便会动工建造一层。逐层建造法现已被埃及古物学家所接受，因为这个方法仍然是最简单且最快的，所有切割坏的石块都用来填充金字塔内部。对于砌层的描述将稍后进行讲解。

　　摇动式托架的惯性原理在科技博物馆得到了展示，几年前曾在巴黎发现宫展出，目前可以在西班牙瓦伦西亚（Valence）的科学博物馆看到。"如何滚动立方体？"似乎从未有人提起3000多年前的摇动式托架与如今这一物理原理之间的关联。

4．石块的储存

　　为方便工人工作，石块被固定于一个角度以免再次被抬起。

3吨重石块的储存方法（摄影：让·库兹尼亚尔）

5. 枢轴石

自古以来，枢轴石的使用方法属于盲点。在重达五吨乃至几百吨巨石的运输和起吊原理中，这些石头是至关重要的工具。在古代，世界上所有施工过程中都未用过齿轮转动的方法，那时只有杠杆。这些石头是我的建筑理论

度量衡陈列柜，巴黎卢浮宫博物馆
（摄影：让·库兹尼亚尔）

的全部基础，如果无法给出它们的实际用法，我就不可能提供一个可信的施工演示。以下这种用法尚未被证实：它们被埃及古物学家归类为砝码，因为有些石头上刻有标记和印章，因此古埃及人可以用它作为砝码。其形状有些奇特：由锥形基座和穹形圆顶盖构成。其中一些圆顶盖被完全磨掉了，这证明它们被使用过。它们的平均直径为20厘米，在伦敦皮特里博物馆和开罗博物馆中有些超过50千克重。在这种情况下，它们不能用作砝码。

枢轴石，开罗博物馆
（摄影：让·库兹尼亚尔）

枢轴石，伦敦皮特里博物馆
（摄影：让·库兹尼亚尔）

枢轴石，卢克索博物馆
（摄影：让·库兹尼亚尔）

第二章　工具及其用法介绍

枢轴石，伦敦皮特里博物馆
（摄影：让·库兹尼亚尔）

枢轴石（直径为50厘米），开罗博物馆
（摄影：让·库兹尼亚尔）

按重量和度量进行分类是对石头的再利用，这些石头后来又有了另一种用途。它们均被发现于采石场和地基沉积物中，是采石和砌石的工具，由闪长岩和花岗岩等相当坚硬的材料切割而成，用来作支点，就像不滚动的弹珠一样。其两种构造很重要：锥形部分嵌入木柱

嵌在木柱中的枢轴石
（摄影：让·库兹尼亚尔）

中，在重量的作用下全部嵌入其中，同时阻力也会加大；顶部凸出部分是枢轴点。要移动的巨石被放置在横木柱上（其使用痕迹今天依然可见），部分石块留在原地准备等待被搬运。我们稍后会详细介绍。

在横木柱的顶部中心插入一块枢轴石，石块在这排对齐点上保持平衡。

枢轴石嵌入木柱模型

在木柱下两端分别嵌入一块石头，使之与地面齐平。石块越重，越靠近重心；木柱越长，杠杆的力便成倍增加。

杠杆靠在与石块平行的圆形横杆上，两者始终并排而行。通过施压来接合圆形支撑杆下方的杠杆：所有重量都落在置于地面的枢轴石上，像划船般进行旋转运动，石块会向前移动。另一侧依次进行相同的操作，并非同时抬高两边。根据这个原理，工人只用举起石块一半的重量。

俯视图（摄影：让·库兹尼亚尔）　　　　仰视图（摄影：让·库兹尼亚尔）

　　这个演示十分严谨。与杠杆相靠的圆杆是不可或缺的，绳子将它和木柱捆绑在一起，这种圆杆旋转起来十分灵活。若缺少这种灵活性，就会发生拉扯，因为杠杆的两个支撑点在石块前进时会一边分离，一边靠近。根据这种原理，我们能够从两个方向上移动石块。将石块一端抬起，在中心放置一块枢轴石，便可毫不费力地转动石块。

　　在大金字塔建造200年后，在乌纳斯（Ounas）到萨卡拉（Saqqâra）（公元前2375—前2345年）堤道的一侧仍然有一个浅浮雕，我们可以在上面看到用船运送约12吨重的柱子和挑檐。[1]在"木撬"前发现了这个未被取下的圆杆，因为它最后会再次用于下放和搬运。

1　让·菲利普·劳厄，《金字塔未解之谜：乌纳斯的浅浮雕》，西岱出版社，巴黎，1989，p. 205。奥德兰·拉布鲁斯，艾哈迈德·穆萨，《乌纳斯国王的葬礼堤道》，法国东方考古学报，（2002）2012。

100吨巨石的运送示例（摄影：让·库兹尼亚尔）

双向运输原理（摄影：让·库兹尼亚尔）

乌纳斯堤道上的浅浮雕（摄影：让·库兹尼亚尔）

圆柱运输的浅浮雕示意图
（摄影：让·库兹尼亚尔）

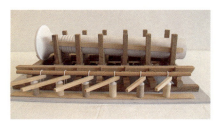
圆柱运输的模型（摄影：让·库兹尼亚尔）

在成对连接的木柱上移动（摄影：让·库兹尼亚尔）

  枢轴石位于横木柱之间，无法被看到。如果没有这些石头，圆杆便毫无用处，这根圆杆就代表着枢轴石的存在。在成对连接的木柱上移动比在崎岖不平的地面上移动更具灵活性，因此所有枢轴石最终都会被磨损。或许可以在伦敦皮特里博物馆看到：它们的圆盖顶完全磨损后会被重新切割，从而重复使用。大部分石块的尺寸是标准的，形状由型板和锥体的压条长度决定。

驳船的前后方有一堆杠杆和一根横木柱，横木柱上有一块圆形石头，这块石头或许就是枢轴石。[1]这种移动原理允许从侧面装载船只。但我个人认为在尼罗河对岸的船头和船只上装载货物仍然难以实现。

6. 沙子上的搬运

借助枢轴石搬运的原理有很大优势。埃及人在20至30公里外甚至更远的沙漠中寻找石块，然后将其从沙漠中运回来。这个理论表明坡道不再是必要的，我在下面展示了移动方法。要做到这一点，只需将木板固定在"木撬"的枢轴石下和杠杆的支撑点下。

在沙子上移动（摄影：让·库兹尼亚尔）

如果我们采用约60厘米宽、10厘米厚的板子，由于沙子是无法压缩的，在重量的作用下，沙子不会从两侧滑落。在沙子上移动，也不再需要坡道、滚筒、水和淤泥。这种方法堪称一绝，却从未向世人演

在5厘米厚的沙子上运送一个重300千克的石块
（摄影：让·库兹尼亚尔）

1　乔治·戈永，《金字塔的建造》，p. 130，Fig. 38。

中世纪街道上的鹅卵石与埃及枢轴石的形状对比（摄影：让·库兹尼亚尔）

示过。这里我用一个300千克重的石块进行了展示。

枢轴石可以在上坡、下坡、转弯等任何地形上移动。通过滑行或利用滚木进行搬运过于复杂；即使地面有轻微崎岖，无论程度大小，必会引发堵塞。杰胡迪赫特普（Djéhoutyhetep）（第十二王朝）巨像的搬运是一个特例，其重量为60吨，这与500吨的方尖碑或800吨的门农巨像相差甚远，后者的重量难以进行滚动或滑动。[1]通过枢轴石移动的原理是世界各地都用的巨石移动方法。世界各地都用枢轴石移动的原理来搬运巨石。在任何国家，面对问题的工匠总是会找到相同的解决方案，即最有效的解决方案。通常情况下，通过摸索，建造者会找到它，而且它往往是最简单和最有效的解决方案。这非常符合埃及人的精神。

枢轴石可以与中世纪街道常用的鹅卵石相比，因为形状相似。唯一需要注意的区别是：前者有圆锥形基座，而后者有方锥形基座，正是它们之间的组合证明了方形的合理性。这两种石头作用相同：即承重和抗压。几世纪以来，这些鹅卵石都经历过铁圈轮马车的碾压，它们由砂岩或花岗岩这种非常坚硬的材料制成，正是上面的圆盖顶提供了这种抗压力。这种对比令人吃惊和值得思考，但可以肯定的是，埃及人比欧洲人早几千年就发现了这种可抗压的工具。

---

1 让·克劳德·戈永，让·克劳德·戈尔万，《卡纳克的建造者》，法国国家科学研究中心出版社，巴黎，1987，p. 128。

7. 墩木及其用途

墩木是在地基沉积物中发现的一种采石和砌石工具，可以在卢浮宫博物馆中见到。它由木头、垂直纤维（因为它的不可压缩性）或石头制成。顶部被挖成圆锥形，以便将枢轴石嵌入其中。根据在枢轴石上移动巨石的原理，它被用作杠杆支点。

它高约70厘米，这点很重要，可以让工人处于更好的位置和高度进行按压和推动。杠杆须与石块水平对齐，然后给予推力。这项操作可以通过在地面上放置一块枢轴石来完成，所以工人得四肢着地，但这样就没力气推动了。

原木高度的用途（摄影：让·库兹尼亚尔）

8. 起重杆

杠杆是采石工和砌石工的代表性工具，用阿基米德的话来说："给我一个支点和杠杆，我能撬动整个地球。"杠杆需要始终通过按压来操作：工人在杠杆末端按压发力以撬动石块。在搬运大石块时，要避免任何摩

带支撑点的杠杆（摄影：让·库兹尼亚尔）

擦和滑动。当放低杠杆时，两个支撑点分离并靠近。这一操作要用下面的石制或铜制滚筒以及上面的圆点来校正。圆点靠在石块下方，而不是靠在边缘上，因为边缘可能会断裂。

双杠杆

双杠杆（摄影：让·库兹尼亚尔）

　　埃及工人在进行这项伟大工程时所表现出的游刃有余，令人叹为观止。以下是我的方法的论证示例：阿布西尔（Abousir）的萨胡拉金字塔，将200到250吨的巨石提升至20米高；古埃及卢克索的卡纳克神庙，在狭小的空间里搬运和吊升方尖碑似乎异常艰巨；拉美西姆或被称为"Memnon"的Kom el Heitan的巨像，塔中心的巨大门楣（350吨）；克夫伦（Khéphren）寺庙的上下墙壁及其巨柱。这种技术已经失传，那时还不存在齿轮传动装置，双杠杆仍是移动和抬高的唯一方法。然而，这种方法非常简单，人人都会，但从未有人对古建筑构造使用过杠杆进行展示或解释。

成直角排列的双杠杆（摄影：让·库兹尼亚尔）

成直线排列的双杠杆（摄影：让·库兹尼亚尔）

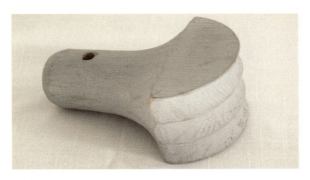
模型（摄影：让·库兹尼亚尔）

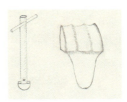
峡谷石草图
（摄影兼绘画：让·库兹尼亚尔）

使用双杠杆并不是两个杠杆作用的简单相加而是相乘。如果第一个杆长3米，支点相距30厘米，则减速比为10；第二个杆距首杆末端4.5米，其支点也在30厘米处，减速比是15；最终结果不是10+15，而是10×15，则减速比为150。也就是说，四人仅靠自己的重量便可以轻而易举地举起100吨重的石块。这些杠杆可以与石块成直角或平行使用，从而在不改变力的情况下减少运输拥堵。这对于在船上或在狭小的空间中向下运送石块来说优势显著。根据这一原理，我可以凭一己之力抬起一个50吨甚至更重的石块。我曾举起了一个6吨重的石块，用的第一个杠杆长80厘米，第二个长1.5米。这一过程需要第二个人配合。

9. 带槽石

这些石头是埃及古物学家塞利姆·哈桑（Selim Hassan）在一处采石场发现的，它们被归类为有槽滑轮，用来架设桅杆以及滑动绳索。[1]但经初步观察，槽浅无法将绳子固定在适当的位置。在博物馆里可以看到，所有船只模型上的绳子都穿过桅杆末端较深的孔或凹槽。开罗博物馆里就有一块（目前已不再展出，所以不能给出参考资料），长25厘米，呈半圆形，尾部有一两个用作咬合的孔。

这种工具是由闪长岩、玄武岩或花岗岩等非常坚硬的石料制成的。其更明显的用法是用钻头来敲击岩石并将其研磨成粉，凹槽防止

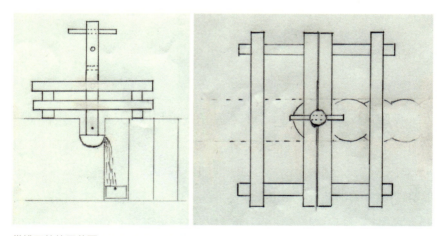

带槽石的使用草图 （绘图：让·库兹尼亚尔）

---

1 乔治·戈永，《大金字塔建造者的秘密：带槽石》，皮格马利翁出版社，巴黎，1990，pp. 61–62。让·菲利普·劳厄，《金字塔未解之谜》，西岱出版社，巴黎，1989，p. 204。

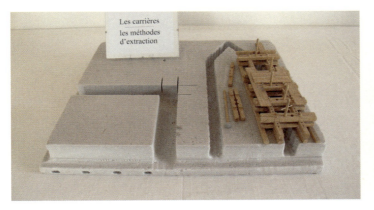

在未完成的方尖碑上使用带槽石的痕迹（模型兼摄影：让·库兹尼亚尔）

花岗岩材质的双手大锤，开罗博物馆

（摄影：让·库兹尼亚尔）

让·库兹尼亚尔重制的各种工具

燧石和花岗石制成的切割工具

（模型兼摄影：让·库兹尼亚尔）

第二章 工具及其用法介绍

粉末堆积。经旋转，粉末由前面的洞穴排出。

硬石球有着同样的用途，但必须每敲击四五次就停下来除去粉末。在采石场未完成的方尖碑上可以看到侧面的起伏和圆槽的底部，表明这个工具被使用过。[1]放置在沟渠上方的木架是为了让几个打桩机垂直下降，与球撞击不会留下笔直的印迹。这些球用来压平木块的表面，并消除所有沟壑的痕迹。

10. 采石工和砌石工的石材切割工具

凿子、镐、铜质指针（伦敦皮特里博物馆）、横口斧、带锤头或硬石尖的镐，或装柄或单手持握、花岗石或玄武石球粒、双手使用的花岗石大锤、硬木槌，带槽石，这些工具由不同材料制成。在大金字塔时代，埃及人还没用上铁器，他们主要使用铜，这种软金属必须用砷和冷压碎来硬化。[2]花岗石和闪长石用于制作切割工具，硬木则用于制作轧制工具。

11. 石锯

石锯由一块用石英砂打磨的铜制刀片制成。可以想象，在铸造刀片时，石英颗粒被掺入熔化的铜中，两者或在铜铸造时混合，或在铸造前预先混合。对于丝锥和抛光工具等钻孔工具，可以考虑相同的操作。[3]钻柱或铜管钻头已被发掘出来，当时可能是用于在石头上钻孔。

---

1 让·克劳德·戈尔万，让·克劳德·戈永，《方尖碑的切割痕迹，卡纳克的建造者》，法国国家科学研究中心出版社，1987，pp. 128–129。
2 让·菲利普·劳厄，《金字塔未解之谜》，西岱出版社，巴黎，1989，p. 201。
3 乔治·戈永，《大金字塔建造者的秘密》，皮格马利翁出版社，巴黎，1990，pp. 111，146。

12. 木匠的工具

横口斧和铜斧,开罗博物馆(摄影:让·库兹尼亚尔)

由让·库兹尼亚尔重制的工具

13. 土砖模具

由让·库兹尼亚尔重制的工具
(摄影:让·库兹尼亚尔)

土砖模具,开罗博物馆(摄影:让·库兹尼亚尔)

第二章 工具及其用法介绍

14. 采石场石块的向下传送

梯式下运好似在一个大楼梯上，石块是在与上地层相同高度的楔子上前进，通过逐层抽楔进行下运。在斜坡上运输时，可以考虑在台球杆上放置一个楔子，使得石块水平放置，这对于在枢轴石上运送来说并非是必要的。

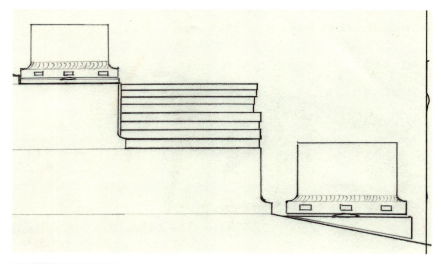

采石场的巨石逐层下运（绘图：让·库兹尼亚尔）

15. 采掘方法

这些方法在吉萨和格贝尔·西尔西拉（Gebel Silsila）采石场的使用更多，这些采石场有不同厚度的地层。经过地面追踪，它们看似"巧克力板"，有着40至50厘米宽的方块和沟槽。地层被切割成大块，然后再按需调整大小。这些沟槽不仅仅为了方便工人工作，沟槽并不是挖到地层底部，而是止于离底部40至50厘米处，其余的厚度从中间切割，在石块周围留下一种便道。这个额外的厚度是用矩形孔刺穿的，这些孔可以用作杠杆的支撑点。这些细节在格贝尔·西尔西拉的采石场中清晰可见，那里有几块待搬离的巨石仍留在原地。

当这些石块被重新切割时，大量的石块没有沿着正确的断裂线，而是沿着断层切割开，按照断裂角度被重新切割，然后被编号并置于地层上，这使得它们的形状千奇百怪，最终都会成为填充毛石。将石块再次切割成小块，坡面平整，然后将金属楔子插入石块中即可完成爆破。加热楔子有助于金属膨胀破裂，但只有硬度较低的石块可以借助湿木楔爆破，否则楔子会被压碎，所以需要用大得多的木块来施加足够的压力。

切弗伦采石场（摄影：让·库兹尼亚尔）

格贝尔·西尔西拉采石场
（摄影：让·库兹尼亚尔）

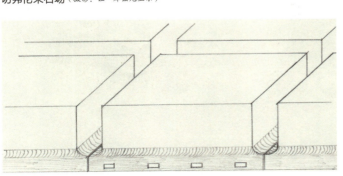

采石场设计图
（绘图：让·库兹尼亚尔）

16. 将石块装船

在古埃及，石块用小船或驳船经尼罗河运输。从采石场到尼罗河运输大石块是根据枢轴石原理进行的，较小的石块则通过滚轮拖车运输。为了装载巨石，船停靠在码头上，将双楔放至与岸边平行，两根木柱置于桥上，并架在船两端和楔子上。它们突出在码头上，石块被放置在码头上的横木柱上。我们抽掉楔子前进，在重压下，小船逐渐下沉。石块被移到船内双楔的中心，移除横木柱，石块便通过逐步抽楔下沉至船底。其他石头也进行同样的操作。

为了航行，重物必须放进船舱作压载。在甲板上看到石碑的导航是示意图。利用切实可用的石块作压载更合理。这些驳船必须适合航行。另一种选择是在船上装满水、沙子或石块，并舀出船舱内的积水。

装载船舱或驳船（*模型兼摄影：让·库兹尼亚尔*）

沙地吊升（模型兼摄影：让·库兹尼亚尔）　　　　楔子吊升（模型兼摄影：让·库兹尼亚尔）

17. 沙地吊升

可以在干沙中抬升和降低诸如楣木柱、塔门楣等结构，这一做法没有任何风险，并且可以很好地适应没有横向移动的垂直上升。巨石通过滚轮或枢轴石被移动到其标高位置，周围建一个木箱，高度在其中间位置。该木箱比石块更宽，底部设有排空舱口，周边填满了干沙。用杠杆抬起一边，沙子便从石块上流下来，必须通过敲击将其压紧。另一边重复上述操作。每次操作都抬高了箱板，这个模板不受任何力的影响：沙子不可压缩，不会产生任何横向推力。木箱是通过舱口排空的，这一做法并没有吸引我的注意，我更倾向用楔子抬高木柱，这样操作更简单、更快捷。

第三章

准备程序

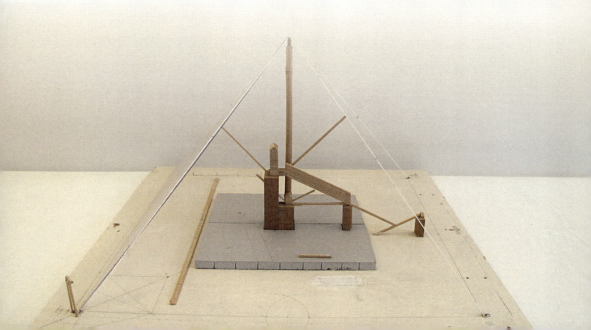

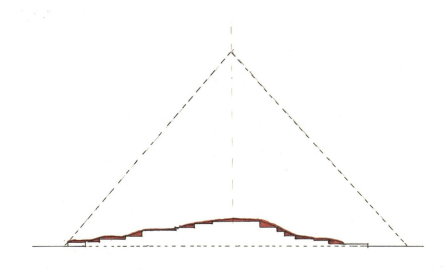

胡夫金字塔石峰（绘图：让·库兹尼亚尔）

1. 石峰

  在胡夫金字塔的选址中心，有一块不会被夷为平地的原始天然岩石，高7到20米。[1]这块岩石只有底座和周边是完全平整的。石峰呈阶梯状将岩石切割，以使地基平整。由于胡夫金字塔表面装饰物已被洗劫一空，只有底部的几个砌层可以看到母岩的几块岩石。但是不确定的石峰高度并不影响建设工作，只有石块的数量会对建设工作有所影响。埃及学家们都未精确计算过这座石峰的体积，但是石峰越大，建造的时间就越短。经过我的逻辑推断，高达20米的女王室已在石峰之上落成。当我们置身于胡夫金字塔的西南角，石峰和高原的轮廓依稀

---

1 乔治·戈永，《大金字塔建造者的秘密》，皮格马利翁出版社，巴黎，1990，pp. 154–155。

哈夫伦采石场墙壁（摄影：让·库兹尼亚尔）　　石峰中凿出的地基（摄影：让·库兹尼亚尔）

可见。左侧是8米多高的垂直岩壁，右侧是金字塔的前几个砌层。它们都是基于母岩切割而成，地面上会显露出采石场的切割网格。

2. 金字塔朝向

巨大的胡夫金字塔入口朝北，并且必须要设立在一个完全平坦的平面上。确定方向可以借助太阳和星星，而当前首要任务也是确定金字塔朝向。胡夫金字塔可能使用了绷紧的透光布料，透过这层布，太阳依稀可见。在北侧的平面上，大致顺着日出或日落的方向，拉起了一条230米长的线，在线中心放置垂直标桩作为标记。日出时刻，在距垂直标桩约100米处，水平放置一个类似屏幕的瞄准板。从这条瞄准线处就可以定位并标记太阳升起的点。为此，我们将会用到一种叫作"贝"的工具，"贝"是一种在末端有一个槽的木棒，将被放置在距铅垂标桩几米的位置。[1]当太阳升至瞄准板视野范围外时，我们便将"贝"末端的槽、标桩顶部、瞄准板和太阳轮廓顶端连成一条线。日出时刻，会在瞄准板上画出日出点。在当天太阳西下时，同样会进

1　让·菲利普·劳厄，《金字塔未解之谜》，西岱出版社，巴黎，1989，p. 228。

瞄准工具：贝
（模型兼摄影：让·库兹尼亚尔）

北面排成一列，测量日出和日落（模型兼摄影：让·库兹尼亚尔）

行上述操作来确定日落点。为了确保结果更为精确，可以在夏至日和冬至日的这天各进行一次测量。通过连接日出和日落的两个点，就可以确定中心点的直角方向为北方。当然，另一个发光体——月球以及南北两极附近的星星同样也很重要，只有在确定方向时同样将它们考虑在内才可能测量成功。这样，胡夫金字塔的朝向就可以确定了。[1]

吉萨高地及其平整度

因测平工作极其细致，整个金字塔地基的高度差甚至可以保持在1.5至2.1厘米之间[2]，由此可以看出，工人们将吉萨高地夷为平地的方式可谓精妙绝伦。他们用带有铅垂线的三角形泥工水平仪来确保精准的水平线。只有利用水准点才能保证大面积地面的平整度，但是三角水平仪对于长距离测量而言不够精确。

---

1 乔治·戈永，《大金字塔建造者的秘密》，皮格马利翁出版社，巴黎，1990，pp. 157–160。
2 弗兰德斯·皮特里，《埃及古代艺术与工艺》，弗罗芒出版社，布鲁塞尔，1925，pp. 97–98。

测量和调平工具（工具兼摄影：让·库兹尼亚尔）

3. 金字塔地基的平整

地基平整分两个阶段进行：第一阶段是对金字塔的四周进行初轧，只留下完整的中央核心部分。该阶段可借助于三角水平仪完成。第二阶段的平整是在长30至50米的路段上利用水力平衡来实现的，工人们借助于用黏土和泥砖砌筑而成的宽和高均为20厘米的U形地沟，将地沟填充至四分之三处，进而实现水力平衡，之后会在此处放置一些高度指示器作为标记。地沟会以高度指示器上最后显示的刻度作为标准进行排水，其四周不能容许有超过1厘米的偏差。这种环绕在金字塔四周的地沟是英国埃及学家爱德华提议建造的。由于四周距离较长，所以分段进行此项工作更为容易。

初始水平（工具兼摄影：让·库兹尼亚尔）　　几十米范围内的平整（摄影：让·库兹尼亚尔）

另一种标记方式也能得到同样的结果。该方式借助一个5到6米长的树干，树干顶端和底端均已磨平，内部挖为空心，在每侧顶部几厘米处做一个标记。在树干内填水至内部标记处，这样就会实现水平。根据树干顶部标记，在其外部放置高度指示器。在进行这项长几十米的平整工程时，需要拉紧一根绳子，并将树干围绕在整个金字塔四周

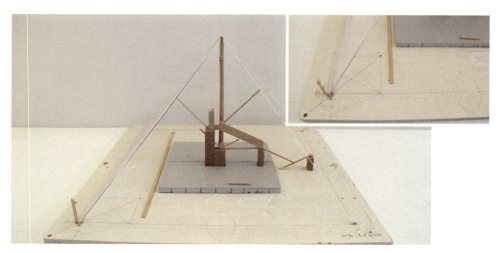

根据对角线，画出直角（工具兼摄影：让·库兹尼亚尔）

42　新颖解读伟大建筑　胡夫金字塔

进行移动。利用水平衡的平整工程无疑是得到所有埃及学家认可的，当时的所有工人都掌握了其操作要领。

4. 直角

由于金字塔核心部分的存在，所以无法通过对角线来建立起直角。对于边长为230米的正方形而言，采用对角线不够精确。但是对于这个问题仍有很多种处理方案，如园丁论，即利用三角形或正方形的内外角确立直角。

在四角确立起正方形是因为正方形的对角线将会在后续工作中用到。当金字塔的高度超过了石峰的高度，就可以采取一些更为细致的举措以确保精确性，例如确定侧边并重新确定对角线。这样就可以矫正一些细微的偏差，使其分散在多层阶梯中，这样一来，偏差将会变得微不足道。在这种情况下需用硬质材料测量对角线，用绳子进行测量并不适用。

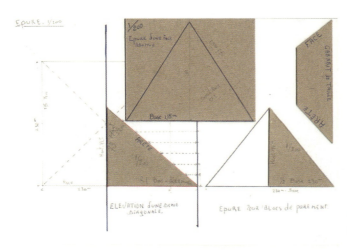

全尺寸草图：面和对角线（绘图：让·库兹尼亚尔）

5. 平面图

不会绘图的工匠只能在实际尺寸的地面上做样图。胡夫金字塔附近有足够大的沙地可供建筑师们绘制切面样图。鉴于之前的反复摸索，工匠们基本能够确定地基和所需坡度，比如根据有两个不同斜坡的斯尼夫鲁金字塔中所得到的经验。胡夫金字塔的高度取决于地基和坡度。将一根绳子水平拉直，长达230米，从这条线的中心出发呈直角拉起一条垂线，连接点处的垂线与地面呈51°51′的角，这就决定了金字塔的高度。另一个样图通过绘制的对角线控制着棱边的角度。所有的标记都刻画在瓦片上。所有的内部结构也都在样图中呈现，包括入口、房间、走廊、大型画廊和通风管道。在这些样图中，工匠们会按原比例制成木制样板，并将其用于建造金字塔，有的样板用于确定面砖的大小，有的用于确定角砖和棱边的角度。

6. 石料运输

陆路运输石料的不同方式。

木橇正/反面（模型兼摄影：让·库兹尼亚尔）

开罗博物馆的木橇（摄影：让·库兹尼亚尔）

木橇

杰胡迪赫特普雕像是通过滑橇运输的，这种独特的运输方式需要极其平整的地面，但是这种运输方式也有其弊端，例如木橇很快就会磨损。尽管木橇受损迅速，人力拉动的滑动木橇还是得到了埃及学家的一致认可。中世纪时期，出现了多头牛牵引运输小石块的方式。在金字塔建造过程中，通常采用这种运输方式作为辅助。[1]

滚木

对于重达几吨的石块而言，滚木运输是最有效且最迅速的运输工具。运输时，圆木必须放置于两个平坦的表面之间。这种方式更适用于运输庞大而沉重的石块。在用于滚动的圆木上凿几个孔并插入可以

---

1 艾登·斯蒂芬·爱德华兹，《埃及金字塔》，p. 405。

滚木运输（模型兼摄影：让·库兹尼亚尔）

杠杆驱动的滚木运输（模型兼摄影：让·库兹尼亚尔）

减缓运输速度的减速杆。

A形三角杠杆架

此工具用于在平整且坚硬的地面上精准运送一些重4到5吨的石块。石块在细珠般的薄薄沙面上滑动。A形三角杠杆架的位置缓解了石块前部的压力，同时避免了与地面之间形成摩擦。A形三角杠杆架使得拉力加倍。最初A形三角杠杆架垂直放置，拉动之后，A形三角

A形三角杠杆架运输（模型兼摄影：让·库兹尼亚尔）

杠杆架底部重新回到垂直方向。拉绳是固定的，不会滑落，石块与地面之间的接触面积越大，就越容易拉动。

摇动式托架

此工具用于在采石场平地上运输大量2到3吨重且形状方正的石块。

六吨重石块的搬运（摄影：让·库兹尼亚尔）

7. 大型石块的搬运

除了枢轴石，吊杆对于运送几吨重的石块同样必不可少。

第三章　准备程序　　47

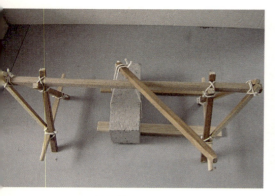

吊杆运输（模型兼摄影：让·库兹尼亚尔） 　　利用木橇装卸百万块三吨重的石块

8. 吊杆

利用龙门起重机，将起重原理转变为移动原理。吊杆非常适用于装卸木橇上的石块和短距离运输。

为此，必须要用一个更大的可移动龙门起重机来搬运吊杆。石块的搬运方式与划桨相似，通过按压和圆周运动进行。该工作原理适用于运用多个杠杆搬运5吨以内的石块。

第四章

测量工具

古埃及人以肘为计量单位。一肘长为52.3厘米，但各地区之间的差异较大。肘尺在所有建筑中都多次出现过，它本身又可以分成7.47厘米的掌尺和1.87厘米的指尺。

度量衡展示柜，巴黎卢浮宫

肘尺，都灵博物馆（摄影：让·库兹尼亚尔）

角尺是一种常用工具，活动角尺则是由角尺铰接制而成。三角水平仪和铅垂线配合使用，铅垂线位于尺中心。贝是一种瞄准工具，由顶端开口的木棍制成，通过此切口可将标桩对齐。直到最近，测量员们仍在使用这一方式进行测量。"穴鸟隼"是我们目前使用的水平尺的始祖，由一块木板、两个相同尺寸的支撑板以及一根铅垂线组成，垂直使用。

拉线由一根绷紧的线连接两根小棍而成，另有第三根可移动小棒用于找出待调整的凹凸不平的地方。

"穴鸟隼"和贝（工具兼摄影：让·库兹尼亚尔）

第四章 测量工具

胡夫金字塔（摄影：让·库兹尼亚尔）

第五章

坡道

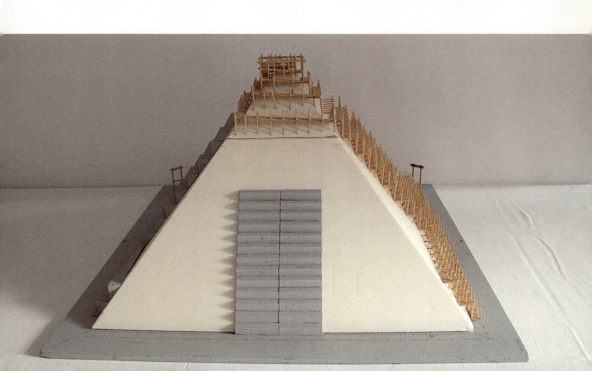

1. 金字塔坡道建设模型

根据石头的重量，可以选择建造多种类型的坡道。第一种坡道运送230万块重2.5至5吨的石块，另一种运送的石块数量较少，但重量在5至63吨之间。5至10吨的石块与2.5吨的石块可用同种斜坡搬运。但不可能用同一斜坡既升运2.5吨的石块又升运63吨的石块。如果明白必须要用两个不同类型的斜坡，那么其建设问题就迎刃而解了。两条4至5米宽的木制或石制斜坡足以建造出这座宏伟的金字塔。

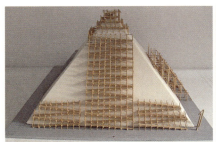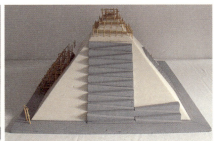

木制和石制两种坡道，可运输最重达5吨的石块（模型兼摄影：让·库兹尼亚尔）

胡夫金字塔周围铺路的坑（摄影：让·库兹尼亚尔）

所有古老建筑的建造都离不开木材。埃及的木材资源匮乏，尤其是棕榈树，但已有的棕榈树也足够用来搭建脚手架和坡道（稍后会介绍木材的来源)。

我们在胡夫金字塔周围注意到成排的方形或圆柱形的坑。[1]这些坑的长度、宽度、深度均为40厘米，位于金字塔底部，距斜坡4至5米，间隔约4米。所有坑上都盖着扁平的石板，只有在石板被盗的地方这些坑才能显露出来。从这个层面来说，石板被盗也算是一种机遇，不然也无法看到这些坑。如果将这些坑疏通然后插入木桩，坡道就可以重建起来。

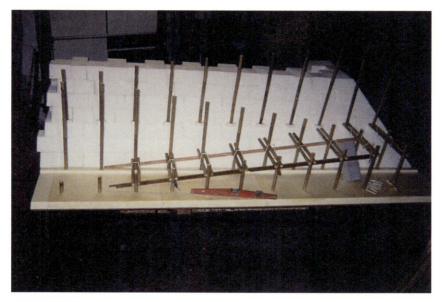

重新利用周边的坑（模型兼摄影：让·库兹尼亚尔）

以这些坑为起点，坡道横向展开，顺着山坡的坡度呈双之字形。我们将坡道宽度定为4米（坑间距为4至5米）。坡道的高度取决于斜

---

1 乔治·戈永的详细描述，法国东方考古学报：69，1969。

面倾角。胡夫金字塔的斜面坡度为51°51′，从中可得到的计算规律14/11，所以每个坡道的高度为5.10米。

若以坡度8%也就是最大坡度进行计算（公认的平均坡度范围是5%～8%），则每条坡道的长度是64米。在每个180°的转弯处，

木制之字形坡道（模型兼摄影：让·库兹尼亚尔）

坡道回至4米宽、5.10米高。这种之字形坡道一直蜿蜒至110米的高度上。再往上，110米到130米之间坡道都是螺旋式的，因为此时金字塔外斜面的宽度有限，不足以在搭建之字形坡道的同时保持坡度不变。

最后16米，坡道不再紧挨塔壁搭建，而是与之有一定距离以保持其结构和高度。在这一阶段可以缩窄坡道，使其更接近斜面。3米的

110米至130米，螺旋式坡道（模型兼摄影：让·库兹尼亚尔）

宽度足以安装塔顶方尖。坡道的最后几米是走廊，这是用石头搭建不出来的。

对于这种类型的坡道，如果不改变高度，就无法改变坡道的宽度，这也就证明了另一规律的正确性。也就是说，第一条坡道的长度决定了后面所有坡道的长度。金字塔底部建设对材料的需求最大，因此可以在主坡道两侧搭建辅助坡道。金字塔四个斜面中有两面都会搭建这种类型坡道。

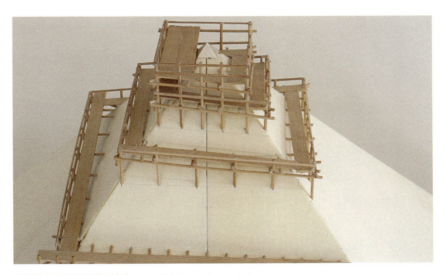

坡道最后16米和塔顶方尖（模型兼摄影：让·库兹尼亚尔）

木橇运输每两分钟一次。除了石块，还要运送灰浆、水还有制作脚手架的木材。

在金字塔第三面，地上的坑距塔壁3米远，这就意味着这里的坡道对宽度和坚固程度的要求没有那么高。该坡道只用于向下传送空的木橇，这也是工程的重点。要想空木橇与满载的木橇在同一坡道上下传

第五章 坡道

送，就需要搭建双坡道，即用双倍长度和高度的木材，这会使工作更加困难。空木橇并不是借助滚木向下传送而是利用了滑橇的原理。一组工人负责将木橇从采石场运到建设基地。不同于装载石块的忙碌，工人们可以在空木橇向下传送的空当稍作休息。根据搭造木制坡道的原理，也可以建造石制坡道，这样也符合那些坚持埃及没有木材的人的想法。考虑到地面上的坑有限，无法先用木制坡道，再换作石质坡道进行展示。

石制之字形坡道原理图（模型兼摄影：让·库兹尼亚尔）

木制坡道很可能是用于运输重量相对较轻的石块。在哈夫拉金字塔的周围，地面坑的数量多了一倍但坑却更小了。[1] 若采用石制坡道，金字塔便是逐级建造的。在塔身与坡道位置相对应的每一层都先放置外侧的石块，并将外包石放在最终位置上，这些石块没有根据坡度预先切割，这就导致有的石块是凸出来的。也就是说这些砌层将被拼接起来，是不可压缩的。每一层坡道都会和楼梯一样发生偏移，仅需一个木制平台便可弥补偏移而导致的石块移位。低于110米的高度都可使用此法。再往上，坡道变成螺旋式，最高可达130米。拐角处必须用木头修补以便控制墙脊，因此绝不可盲目建造。坡道的最后16米必须是木制的。

---

1 《乔治·戈永的建筑平面图》，法国东方考古学报，1969，p. 69。

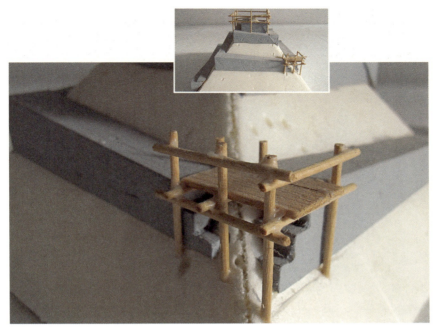

坡道拐角处的修补（模型兼摄影：让·库兹尼亚尔）

2. 运输平均重量达2.5吨的石块

最常见的推论是利用木橇在涂有黏土或河泥的坡道上、在潮湿或润滑后的树干上运送等。在这些木橇坡道上，沙砾会混入河泥以及水，显然不是运输的最佳方式。测试结果显示这一方法是可行的，不过需要注意的是实验地点是在平地上。为什么实验不在坡度为5°~8°的斜坡上进行呢？因

两个平面之间的滚木
（模型兼摄影：让·库兹尼亚尔）

第五章　坡道　61

带铜圈的驱动滚木（模型兼摄影：让·库兹尼亚尔）

为所需的工人数量及施工困难完全不在一个等级。

对于这个问题，理想的解决方案是在两个接触面之间使用干燥的木橇和滚木。这是最快的办法，因为滚木之间几乎不产生摩擦。制作滚木时需采用木质坚硬的木材，如紫檀木、乌木或者对一般木材进行硬化处理。这些滚木可以用铜圈进行包裹，使用直径足够大的铸石托辊，以避免破损。只是目前尚未有滚石出土，大概是因为其制作和使用都更加复杂。

使用滚木时也会存在一些问题，例如当人们从上方拉动滚木时，下方的滚木总会歪斜挡道，需要不停地调正其位置。这个问题亟待解决，只有这个问题得到解决才能够进行每两分钟一个石块的流水作业。但是理论上来说，这种理想速度是难以达到的。对于这一问题的解决办法是在两侧用木板将滚木固定，这样就可以保证滚木前行的方向。也可以将四根或多根滚木固定为一组，避免发生位置的变动。

3. 关于之字形坡道

这种坡道宽为4~5米，由木板制成，中间有一个底座，高约20厘米，宽1.5米。构成底座的木板以及木橇的底部都配有硬木耐磨板，须定期更换。

所有的木材尺寸都是标准的，有库存，随时可以取用。进行牵引工作的工人可以在底座两侧进行工作。底座上的所有滚木组都由可拆卸的垫块固定，可以节省时间且没有石块倒滚的风险。

滚木组（模型兼摄影：让·库兹尼亚尔）

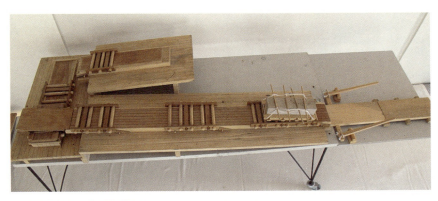

在之字坡上运送重3吨的石块（模型兼摄影：让·库兹尼亚尔）

坡道尽头的180°拐弯（模型兼摄影：让·库兹尼亚尔）

如果发生石块倒滚，木橇会从底座滚木组上"脱轨"。出于安全考虑，一般会增派一名工人护送木橇。至于180°的转弯，在坡道尽头会设有旋转平台（就像在煤矿里一样）。平台下面有一个经过润滑处理的木制大垫圈，这个垫圈是可以转动的，其坡度与即将转向的方向相同。我们可以用一个在一分钟内就可完成的实验来验证：如果用一个1.3吨的石块对旋转平台进行测试的话，一只手便可以完成石块90°的旋转。这种之字形坡道也可供滑橇使用，只不过需要在中间底座上做一个小的改动，即在两边各加一个夹板以保持滑橇直线前进。

　　不论是利用滚木还是滑橇，只要坡道是用于运输3吨重的石块，便可借助驱动滚木用来运输5～10吨重的石块。此时滚木更长，两端钻孔以啮合杠杆，更加费力，升速减慢。

滑橇原理（模型兼摄影：让·库兹尼亚尔）

用驱动滚轮升运（模型兼摄影：让·库兹尼亚尔）

平台和坡道起点之间是存在缝隙的，如何能够顺利通过是必须解决的问题。因为工人们无法将材料直接从平台运输到坡道，也无法直接从坡道运输到平台，如果想要实现直接运输就需要另外一个方便操作的装置。这种方便操作的装置是通过杠杆提升一段坡道，从而使其与上面的坡道相接，这一操作必须在几秒钟内完成。

4. 在木橇上装载石块

修建金字塔底部的所有石块都通过主坡道从采石场运出，集中放在储存区，石块按照高度进行分类。石块高度取决于采石场的地层，而地质层各不相同，所以石块高度不一。埃及人会等到储存到足够数量的相同高度的石块时再进行每一层级的修建。埃及学家戈荣测量了剩下的201层石块的高度范围[1]：0.52～1.27米。在最高处发现了第一个

1　法国东方考古学报：78，1978。

高1.50米的石块，高1.27米的石块则位于第三十五层。所有不超过3吨的各种形状的石块都放在木橇上，运送至合适的砌层才被取下。装卸石块均依据吊架原理，横架足够宽，可供侧向移动石块。

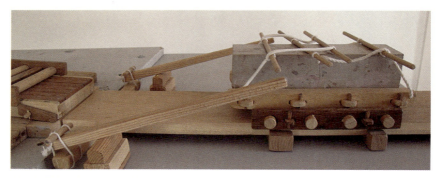

将几吨重的石块从平台运输至坡道（模型兼摄影：让·库兹尼亚尔）

此搬运可由一根或多根杠杆完成（模型兼摄影：让·库兹尼亚尔）

用于升运巨石的双楼梯（模型兼摄影：让·库兹尼亚尔）

5. 前坡道

在木橇上装卸数百万块重3吨的石块

第五章 坡道

金字塔剩下的那面搭建的坡道用于运输重量超过10吨的石块。这一面的坡道背靠金字塔外斜面，状似楼梯，是阶梯的一种。只是这种阶梯有两排，以便同时运输两块巨石并预判其中一块可能出现的问题。这一理论是可行的。

对于胡夫金字塔来说，这些阶梯被延伸至70米的高度，这一高度也正是国王房间里最后几块天花板的高度。而金字塔依旧以阶梯状延伸直到顶部。这一原理只有在使用枢轴石的情况下才可能实现。为了操纵这些长达8米的石块，每个阶梯宽25米，踏步宽4米，高5.10米。这些尺寸是按照14/11的比例来计算，以达到51°51′的坡度。如果踏步宽度增加，高度也必须增加。阶梯的宽度可以细分如下：中间8米用于放置木块，两侧各8至9米用于工人进行操作和储存楔形木柱。

待升运石块两侧的脚手架可以用小规格木料制作。这种脚手架只能够承担工人的重量，巨石的全部重量都压在石阶上，这些重量是不可压缩的。工人们通过枢轴石移动石块，将其送至阶梯脚下，继而借助石块两端的杠杆，通过在两个垂直导杆之间交替垫楔将石块抬起，这两根导杆对保持稳定起到至关重要的作用。在实践中利用方梁垫楔的效率更高。石块从一层搬运到另一层利用的都是枢轴石。没有枢轴石则无法完成这一工序。

利用这一原理向上搬运石块既安全又能打破高度限制。这些是简略版模型：需要有支撑、横杆和其他抗阻装置。石阶的建造方式与侧坡道相同，延长底部石块即可（铺更多石块）。

阶梯式楼梯（模型兼摄影：让·库兹尼亚尔）

两种垫楔原理（模型兼摄影：让·库兹尼亚尔）

第五章 坡道

借枢轴石横向搬运（模型兼摄影：让·库兹尼亚尔）

整体由高度一致的完美方块构成。每一层先铺设外部石块，然后由外向内铺设。最后铺设外包石，这就形成了一个由砌层、砌面、阶梯构成的完整体。在阶梯外部，所有安装的脚手架和支撑的石块都会稍微向外凸出，可直接在凸出部分上进行钻孔。这些阶梯上的所有石块都可以重复使用，用于完成建筑或用于建造王后的小金字塔。要知道，埃及人从不浪费材料。除了阶梯之外，所有外包石也都将根据坡度模板在地面上进行切割并刻上凸雕饰。在未完工的梅里诺金字塔上同样也可以看到这些凸雕饰。后面我会继续解释这些凸雕饰的妙处。

我们可以借助希罗多德的作品来比较这两种类型的坡道。我们发现所有相关介绍都发布于大金字塔建造完成的2000年后：阶梯、短木块（长1.5～2米的木楔），类似于摇动式托架的工具，石块的逐级搬运或升运等。

6. 百吨巨石的运输方案

胡夫金字塔的围墙今天已不复存在，哈夫拉金字塔两个墓室的部分遗址仍在原地。重达几百吨的巨石建成了这些金字塔墙壁，其中体积最大的有170立方米，重400多吨，但其搬运和砌入方法仍是未解之谜。

梅里诺金字塔不同类型的石块组合
（摄影：让·库兹尼亚尔）

沟壑纵横的西尔西拉采石场

这些巨石来自附近的采石场，用于建设高处的庙宇和围墙，而低处的庙宇用的则是花岗石或方解石。

胡夫伦金字塔的高庙残垣（摄影：让·库兹尼亚尔）

围墙外侧（摄影：让·库兹尼亚尔）

斯芬克斯庙的墙壁（摄影：让·库兹尼亚尔）

我们在胡夫伦金字塔附近的采石场和杰贝勒-西尔西拉的采石场找到了当时的采石方法。在那里，采石后留下的沟壑宽50~60厘米。也就是说并非挖至地面底部，而是在底部还剩留50厘米时，再从中间进行切割。

为方便使用杠杆，这种类型的板座上凿了矩形的孔，在砌到墙体上后再找平。工人们依据利用枢轴石进行搬运的原理，将巨石运到要升起的地点。通过垫楔将其升到合适的高度，不断接近重心，然后在枢轴石上完成横向移动。

前侧会在施工结束后找平。具体方法就是用滚木替换石块下的桁条，将石块向前推，从而与前一块贴合。然后取出石块下面的滚木，再将板座其余部分找平。

带板座和矩形孔的模型（模型兼摄影：让·库兹尼亚尔）

升运建造胡夫高庙所用巨石（模型兼摄影：让·库兹尼亚尔）

如果不使用板座的话，只能要么在待搬运的石块或其下方的石块中为杠杆凿出着力点，要么在石块两侧留出凸头。但有证据可以证明埃及人在建造的时候借助了板座。

在部分石块上，这些用于使用杠杆着力的长方形孔被凿得较深，深约1厘米。就算是找平后，也能在石块底部往上10厘米处看到打磨的痕迹。只是这些痕迹很不明显，加上岁月的侵蚀，要想看到它们，必须首先假设它们存在然后再去寻找它们。

我们甚至难以用普通相机将其拍摄下来，需要特殊的相机和低角度光线。没有人关注这些打磨的痕迹，这些石块上凿有许多更新的孔洞。在哈夫伦高庙的一些石块上，由于平整度不够完美，所以仍可以看到这些痕迹。这些痕迹也是借助板座进行建造的证明。

7. 通过垫双楔进行升高

这里的小细节十分重要且不容忽视。通过在两摞木柱上垫楔来升高石块，则意味着垫楔需要并排放置。进行这一步时，木柱必须是方方正正的，而且第一根木柱，也就是在石块下面的那根，必须切割成有弧度的圆形，这样重量就可以转移至中心，这个小细节可以避免整摞木柱因不稳而晃动。抬起木柱的一端时，所有重量都会落在另一端，在这个位置木柱可能会裂开。但如果是在枢轴石上进行这一步则不存在木柱裂开的风险。

杠杆着力孔的位置模型，在板座找平后可见（模型兼摄影：让·库兹尼亚尔）

垫双楔升高（模型兼摄影：让·库兹尼亚尔）

8. 不使用杠杆进行提升和搬运

要把几吨重的石块放到木柱上,必须要有杠杆、着力孔或有可能在地下石块上凿洞,也有可能是借助其他方式。

杠杆在横杆下方,右侧居下、左侧居上(模型兼摄影:让·库兹尼亚尔)

第六章

地基和外包石

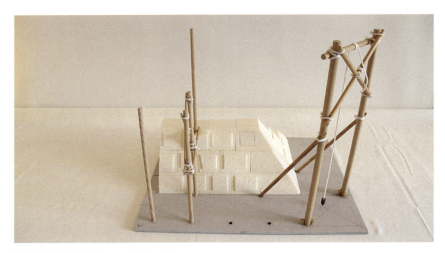

棱边成线（模型兼摄影：让·库兹尼亚尔）

1. 棱边和地基

没有基准就无法进行建设，控制金字塔四条棱边的方向是最难解决的问题之一，四条棱边必须汇聚于小方尖塔的顶端。埃及学家戈永曾几度观察胡夫金字塔，指出了金字塔四角都存在的一处细节，困难由此迎刃而解。[1]地面上呈线状排列着一些孔洞，角落处的两个孔比其余的孔大得多（70厘米×70厘米见方，90厘米深），可以在这些洞里放入一些更重且高于15~20米的木杆。这些柱子的顶部将由一根木杆连接，横杆上悬挂一根铅垂线。根据可以确定直角的对角线就可以确定棱边方向。对角线向外延伸约20米并在地面上做出标记。借助于一根线将三个点连接成线，即对角线末端、铅垂线和施工中的棱边。

1　法国东方考古学报：69，1969。

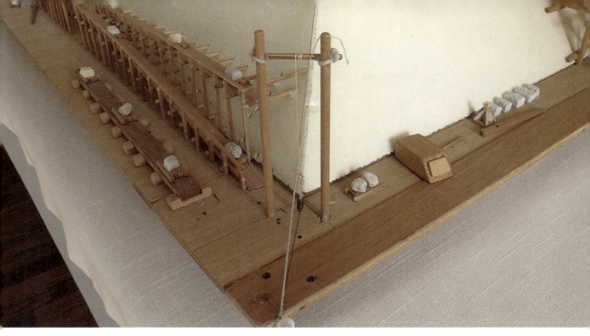

三点成线（模型兼摄影：让·库兹尼亚尔）

控制长度可达50米左右，之后借助绳子延伸棱长。在金字塔四个角重复上述操作，就可以确保该建筑不会歪斜，这样做虽然可以确定正确的方向，但是无法确定斜坡角度。人们在地面上按照实际尺寸描画的对角线样图上，制作了一个边长十几米的角尺样板，呈直角三角形，并悬挂一个铅垂线。这个样板确定了棱边的角度，并在40至50米长的距离上，多次使用这个样板衡量角度。接下来就要沿着棱边的角度拉起一根绳子。用两个或三个石块是无法控制角度的，因为总是会出现一些小偏差。而通过这种方式，可以进行大量检查工作（例如，如果取横杆上铅垂线两米高处，可以测量出铅垂线和棱边的垂直距离，该距离可以迁移到朝同一方向延伸的四个角）。在距离顶端15米处，重新连接对角线，并立一个木杆表示中心位置。从四条棱边各拉一根绳子，使其相交于顶端，就可以纠正肉眼不可见的小偏差。

第六章 地基和外包石

坡度的控制（模型兼摄影：让·库兹尼亚尔）

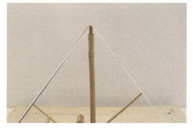
四棱边成线（模型兼摄影：让·库兹尼亚尔）

开罗博物馆收藏的小方尖塔的底座并不是方方正正的，有时候也会有几厘米的误差，因为它们是根据所处地基情况切割建造的。

各项检查工作因四角外的石板下打有地孔而得以进行。

小方尖塔 开罗博物馆（摄影：让·库兹尼亚尔）

对胡夫金字塔砌层的描述

砌层由多种砖石砌制而成，首先是外包石，然后是方方正正的砖石砌成的框架，宽15～20米，最后是毛石填充的塔心。据埃及学者估计，毛石填充约占据建筑总体积的百分之六十。毛石之间存在空隙，这也证明其密度不同。1987年，法国电力公司团队在对金字塔的检查过程中发现其存在密度差。空隙约占百分之十五，如果说它不存在，就会产生一个无法解释的问题。

因此，有必要了解这种建造方法，因为正如一些理论所指出的，如果完全使用方形石块来建造，金字塔绝不可能在20多年内竣工。石块切割工作量巨大，因而采石场内工人数量最多。金字塔内部有一条长达43米的阿布·阿拔斯·阿卜杜拉·马蒙·本·哈伦（Al-Mamoun）地下通道，通过游客入口，我们便可清楚看到里面填充的毛石。人们无法根据石块的拼接堆积方式来区分建筑构造。金字塔由非方形石块堆叠而成。每块毛石重达2至5吨。

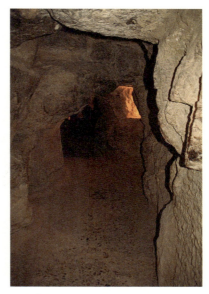

胡夫金字塔的现有入口（摄影：哈歇特）

胡夫金字塔的底座建造（模型兼摄影：让·库兹尼亚尔）

第六章 地基和外包石 81

2. 砌层

砌层的建造从四角的外包石开始。将一条线从一个角拉到另一个角，首先围绕砌层铺设一排外包石。

为打造平坦地面而再次切割的砌层外包石（摄影：让·库兹尼亚尔）

据埃及学家所言，拉线呈弓形。[1]该线距离中心一米。[2]如果是人为设计的弓形，那可谓是建筑师的创举。利用弓形线建造的砌层可以承受更强的向外压力。若不是太阳处于地平线上，远远观望难以发现这一点。此外，金字塔呈四面结构，而非八面建筑。可见，首先垒砌外包石。每个砌层的外包石都是相互堆叠的。磨平内部的砖块以铺设下一层。正是这些细节体现了建筑的意义所在。在外包石后面，用粗料石在建筑周围砌成一个10~15米长的框架。石块间的缝隙是由石灰浆填补的，接缝并不规则，由稀释的石灰浆和一些毛石填充。以上是目前可以通过胡夫金字塔的表面观察到的砖石和砖块接缝。

---

1 安德烈·波坎，《揭开面孔——大金字塔之谜》，拉丰出版社，巴黎，1971，pp. 31-35。
2 安德烈·波坎，《揭开面孔——大金字塔之谜》，拉丰出版社，巴黎，1971，pp. 273-277。

胡夫金字塔外包石后的石块堆砌（摄影：让·库兹尼亚尔）

3. 塔心部分

以美杜姆金字塔为例，很有可能大多数大型金字塔都有一个塔心。该塔心是由标准方形块建成的阶梯式结构。

其体积约为底座的四分之一或三分之一。正是它支撑着其上数百万吨重的石块。最重的部分

美杜姆金字塔塔心（摄影：让·库兹尼亚尔）

集中在中心，塔心支柱的高度达整个金字塔高度的三分之二。

在塔心和框架墙之间砌了几面隔断墙，用以支撑倾斜角为51°51′且厚达15～20米厚的外墙。外墙与塔心之间的空间用不规则的毛石填满。每块毛石都重达数吨。公元800年，阿布·阿拔斯·阿卜杜拉·马蒙·本·哈伦建造了一条43米长的通道，通过这条通道就可以看到这些毛石。

但要想知道是否整个金字塔都是这样建造的，则必须要把它拆开来看。如果塔心和隔断墙不存在，整个内部都是由不规整的毛石填充而成

第六章　地基和外包石　　83

的，那么这些占地很小的毛石就会在重力的作用下轻微粉碎。每个底座高1～2厘米，当顶端达到几米高时，金字塔就支撑不住了。胡夫金字塔是最完美的建筑，因为它从其他建筑的失败经验中吸取了教训。

4. 外包石

胡夫金字塔的所有外包石都被洗劫而空，只剩下仅有1.5米高的底部砌层。胡夫之父——斯尼夫鲁曲面金字塔上的外包石和红色砖块仍然清晰可见。我们可以看出这些石块的大小，它们的平均厚度在70～80厘米，最大的厚达4～5米，尾部厚度2～2.8米，重达15～20吨，甚至更重。这成千块外包石是由图拉的白石灰制成，它们在阳光照射下会闪闪发光。但是金字塔的大量外包石经过采石场的切割后缺陷也层出不穷。

胡夫金字塔底部砌层，外包石遗迹（摄影：让·库兹尼亚尔）

位于代赫舒尔墓地的斯尼夫鲁曲面金字塔的外包石（摄影：让·库兹尼亚尔）

斜方体金字塔外包石（摄影：让·库兹尼亚尔）

胡夫拉金字塔的顶部外包石被保留下来了。这些石块厚达70~80厘米，由此可推测其宽度和长度。

5. 砖块的尾部长度

胡夫金字塔顶部平台上，可见一块一立方米的石块。人们常说，石块越往三角体尖处靠近就越轻。而金字塔在建造时却并非如此，金字塔顶端的部分砖石超过10吨重。可以肯定的是，即使胡夫金字塔顶部的石块不比底部的重，它们的重量也是相差不大的。或者我们可以说，建造胡夫金字塔所用的大部分砖块其实都是硕大无比的。所有的建造理论都集中体现在胡夫金字塔国王室的天花板瓦片上。外包石问题也是一个很复杂的问题。

胡夫金字塔外包石

胡夫金字塔外包石遗迹

正面摆放外包石是不可行的。当意识到外包石的重量时，就更容易理解为何大金字塔要逐层建造。我们可以看到金字塔的内部结构是层层堆叠而成的，这种结构毋庸置疑也是分层建造的。要想建造一个大型金字塔，首先要建一个塔心并连续堆叠石块，还必须要移走斜坡。要完成所有这些工程，五十年是不够的。如果首先为胡夫在中央建造一座内室，大回廊和所谓的王后墓室走廊将会通向塔外。那么，应该如何运输并安放国王墓室的装饰石板呢？

胡夫金字塔底座建造（模型兼摄影：让·库兹尼亚尔）

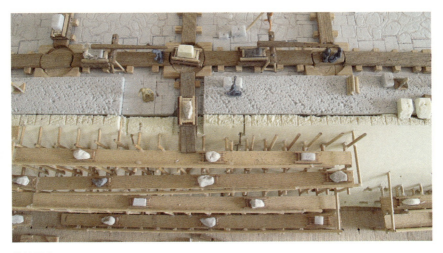

旋转平台（模型兼摄影：让·库兹尼亚尔）

6. 建造地砌层

所有用于建造砌层的砖块都是通过之字形坡道运送的。砌层上有一个平面，称为框架墙。在框架墙和隔墙上围绕砌层建造了可移动木制坡道，作为之字形坡道的延伸。

为使主坡道迅速运输通畅，在每个角落和隔墙的交汇处都设有旋转平台，必须保持每两分钟运输一块石块的节奏以确保施工速度。

旋转平台是由与主坡道同宽的木制平板制成的，下面有一个涂着润滑油的巨大圆木楔。木橇上石块的卸载无需仓促，有条不紊地将其卸在安置点，然后使用滚木、摇动式托架和吊杆运输剩下几米的距离。整个运输和铺设工作都是逆向而行的。砌块铺设和可移动坡道的拆卸皆是如此，直至顶层建造。利用杠杆将填充毛石送至隔墙之间的沉箱中。

转角处的旋转平台

毛石填充（模型兼摄影：让·库兹尼亚尔）

7. 卸载石块

木橇上石块的卸载利用了可移动龙门起重机的吊杆原理。龙门起重机的宽度是木橇的两倍。木橇拉至门架下，用杠杆将石块提升，两根横梁放置于木橇和外部楔子之间，将石块从侧面移动到坡道外侧，移除横梁，腾出坡道。该原理适用于多杠杆搬运数吨级石块。

木橇石块的卸载
（成百万3吨重石块
的木橇装卸）

（模型兼摄影：让·库兹尼亚尔）

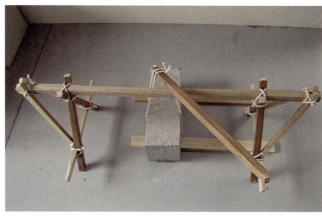

通过圆周运动移动石块

（模型兼摄影：让·库兹尼亚尔）

8. 堆砌外包石

这项精妙且十分精确的工作值得进行深入探讨。用于堆砌石块的表面碾压得十分平整。对后部石块的再次切割,前文已经作过解释。石块由滚木运输前进直至与墙面平齐。先把后面的滚轮抽出,避免碰碎极其脆弱的石块前端。所有外包石都是凸面雕饰。在这一层上,除了保护表面,凸面还具有其他作用。为卸下前面的滚轮,我们将在前方顶部放置一根横梁,一边置于石块上部几厘米处,另一边置于之前的地基上,在石块凸起下方穿过一根绳子,抬起石块前端,抽出滚木。从侧面推动石块并借力于木槌使石块靠近。根据这一原理,工人们可以毫无风险地走上地基。

堆砌外包石的最后阶段(模型兼摄影:让·库兹尼亚尔)

外包石，凸雕饰（摄影：让·库兹尼亚尔）

9. 安放人字梁

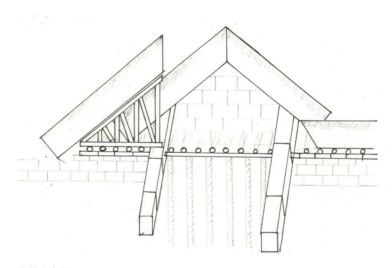

安放人字梁（绘图：让·库兹尼亚尔）

    主入口上方用石块堆砌成双层人字形屋顶，每个石块重约30吨。国王墓室和王后墓室的人字形屋顶比平屋顶复杂得多。目前还无法解释这一技术创举。埃及学对多种理论进行对比是十分有趣的。屋顶板会远远超出墓室的外部的框架墙。屋顶都是双层或三层的。所有的内部构造都是逐层建造的（如王后墓室）。所有用来做天花板的巨石也都是在地面上根据模板准备的。砌层建设已经达到天花板的高度。石板经由阶梯式楼梯抬升，利用枢轴石移动的原理将石板运送到墓室脚下。地基与塔心之间隔墙的表面近乎平坦。无法经毛石之上运输这些天花石板。将人字形屋顶从前方抬放到木制或石制框架上（木制更适合，因为还需要预留时间建造多层地基），避免其后退。通过滚木运送前进，所有的楔块从走廊里再次运走。

借助于单杆或双杆，将第二层和第三层的天花板石块从末端推动滑入。可以铺设一层石灰乳或沙子的滑动层，平铺石板就变得容易得多，例如胡夫墓室的五层，所有的建造过程不存在无法克服的困难。

与其他所有金字塔一样，胡夫金字塔的入口朝北。通往王后墓室和国王墓室的路被三个5吨重的巨型石块堵住。进入蜿蜒的马蒙通道（现今主要的游客通道），直至尽头，可以清楚看到这三块巨石。

10. 完美连接点

只有垂直的和顶部的连接点需要调整。外包石根据模型在地面上进行准备。底部、顶部和侧面都完全平整，背面却是粗糙的。然而，我们现在无从得知埃及工人是如何进行准备工作的。

采石工人在两个相邻的可见面上压出一条几厘米的轻微压痕（顶面和前坡面），留下一条2~5厘米的小边界。石块堆砌在一起，然后用包裹着石英砂的铜刀磨平粗糙的地方。借助水锤使石块相互靠近。如果差距过大，就需要进行多次调整。无法锯开整块尾部厚2~2.5米

底座上的锯痕（模型兼摄影：让·库兹尼亚尔）

的石块。例外的是胡夫金字塔的建设做到了。在有些地方可以看到底部石块的锯痕。外包石接缝处锯痕很深，达1~2厘米。

这就证实了这种调整方式是可行的，必须用锯齿状刀片去除所有的锯切残留物。只有在先安装外包石，而不安装背砖的情况下，才能进行这种锯切工作。正是这些小细节证明了上述理论的可信性。

11. 最终重新粉刷和打磨

最后重新进行粉刷和打磨抛光。所有的凸外包石都要经过切割和抛光，总面积达8公顷（80000平方米）。沿之字形和梯形坡道自上而下，对下方的凸面进行重新切割，同时拆除坡道。借助于其他凸面上悬挂的轻型脚手架，就可以进行再次切割。所有的工作都是从顶部开始。在施工和重新粉刷过程中，工人们可借助多个服务楼梯快速落地。

12. 保护坡道

烈日炎炎下，整日在斜面上拉着石块，是超人才能承担的工作。之字形坡道上方放置遮阳板是必不可少的，遮阳板可用棕榈叶制成。木橇工人的工作是最艰苦的。相较而言，抬升巨石碑的难度则小得多。

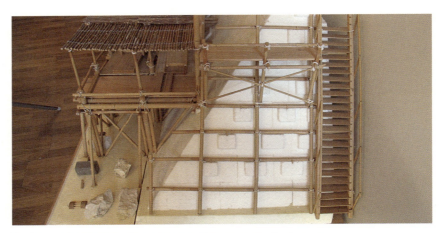

挂在外包石凸起和服务楼梯上的轻型脚手架（模型兼摄影：让·库兹尼亚尔）

坡道覆盖（模型兼摄影：让·库兹尼亚尔）

第七章

工人，木材

1. 古王国时期木材的使用

埃及没有建造纪念性建筑所需的木材,无论在世界上哪个国家,建造者都做不到完全脱离木材。埃及土地上生长的树种主要有:棕榈树、梧桐树、金合欢树、柳树、红荆树,所有这些都不宜用作建筑材料。棕榈树可用于制作脚手架和坡道,至于船舶、石棺、顶梁、庙门、旗杆这些最神圣的部分则是由埃及人从黎巴嫩或叙利亚带来的雪松、松树和柏树建成。有部分莎草纸文献就提到了从黎巴嫩运来的雪松。最耐用、最坚硬的木材是从苏丹运来的,那里有广阔的红木、乌木、榆木森林,还有一种更坚硬的木材——铁木,直径20～30厘米的树干即可用于制作滚木和杠杆。这些来自苏丹的树干可以在尼罗河上漂流而至。

问题出现在遇到瀑布的时候:只有水路可以通过的地方有六个瀑布。埃及人会将重大工程刻在石头上。至于第一个瀑布,埃及学家让·凡古特(J. Vercoutter)提到一幅浅浮雕。[1] 通过浮雕,人们可以看到埃及工人背着树干,沿着尼罗河的河堤前行。这也证明了此处流经瀑布,在瀑布前取下树干,在河堤上晾干,然后再放回水中,这项工作进行了几十年。在第一瀑布附近,人们发现了米尔吉萨斜坡。它相当于一个船坞,用于在尼罗河航行时将神船和法老船拖运上岸。为绕开瀑布,船只需在河堤上沿着一条由树干组成的道路滑行通过。而文士们把这一切都记录了下来。为解释木材的使用,莎草纸上有以下一段描述,其中列出了第十八王朝时在代尔巴赫里神庙工作的一队工人[2],在只有石头的神庙里,他们可以搭建起脚手架。

1　乔治·戈永,《大金字塔建造者的秘密》,皮格马利翁出版社,巴黎1990,p. 173。
2　D·文森特,《埃及,角尺》,巴黎,书局出版社,弗里堡,1964,p. 62。

所有用作轴承的木材，即木橇、滚木、摇动式托架、坡道耐磨板，都要通过镶嵌石英粒进行硬化处理（从使用证据来看）。即在工具初次使用前，于轴承面铺上一层1~2毫米厚的石英颗粒。铺好后，木橇会来回走几趟，在此过程中石英颗粒就会被嵌入木材，这将使其更加耐磨耐用。然而，对于最硬的木材则不必多此一举。

> **工队**
> 第十八王朝代尔巴赫里神庙摘录
> 暴发洪水的第二个月的第三天
> - 日间工作
> - 负责建筑框架的16人
> - 负责打磨天花板的6人
> - 负责柱廊的2人
> - 负责石英雕像的7人
> - 负责设计天花板的4人
> - 雕刻工20人
> - 包工头2人

工人团队，仿纸莎草（让-路易·德·塞尼瓦尔，埃及 德·文森特，巴黎广场，1964）

工匠劳作场景

木工们，开罗博物馆（摄影：让·库兹尼亚尔）

第七章 工人，木材

针对木匠切割梁木、斧头、锯割场面、木材加工工具的描绘不胜枚举。处理木材是这些工人、木匠、木器工人的日常工作。

2. 绳子

有大麻和亚麻供使用，古王国时期的埃及人可谓是制绳高手。当我们看到包裹木乃伊的亚麻布条时便不再质疑绳子的韧性。在船坑中已拆卸的胡夫太阳船旁边，人们也发现了成卷的绳索。浅浮雕和绘画也向我们展示了配有缆绳的船只。

磨工，开罗博物馆（摄影：让·库兹尼亚尔）

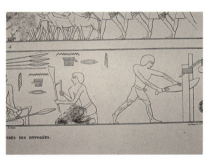

墓穴内的浅浮雕，出自埃米尔·普里斯·达文内斯之手（版画合集43，墓穴内的浅浮雕，贝尔谢和谢赫·赛义德）

3. 工人

工人分时段工作。在汛期忙着提前切割木块，准备木材，建造船只。汛期的运输很复杂，必须在尼罗河和运河上标出一条航道。吉萨的许多工人和工匠也都住在建筑工地附近。埃及学家马克–莱纳曾发现"工人村"。[1]

最主要的不是急于求成,而是找到正确的方法论,从而尽快提供建造方法。普遍接受的理论是总计雇佣2万名工人,数量再多也没有用处。采石场的工人数量最多。胡夫金字塔的建筑师们之所以建造了如此宏伟的建筑,那是因为他们明白其可行性,且有建造斯奈夫鲁金字塔的先例。

他们绝不会冒险建造一座无法如期完成的金字塔。二十几年十分短暂,但他们有办法完成任务。

---

[1] 马克·莱纳,《完整的金字塔》,泰晤士和哈德逊出版社,1997,pp. 64–65。

第八章

太阳船

1. 胡夫葬船

太阳船

在胡夫金字塔周围,已经发现了几个石坑,内有被拆解保存以待使用的太阳船残片。其中一艘船已被复原并在金字塔前的太阳船博物馆展出。这艘由雪松木制作而成的太阳船长44米,由1220块木板组成。船体由木板拼接而成。这些船的真实性毋庸置疑。这些伟大的创造让我们意识到古埃及人的思想是非常超前且富有智慧的。在古王国时期,轮子的使用寥寥可数,但这并不意味着古埃及人不认识这一工具。不过没有金属轴的车轮对他们来说又能有什么用处呢?此时铁尚未出现,木轴车轮难以想象,铜又不够坚固。因此,滚木更适合运输各种材料。不过在古埃及,搬运主要意味着"航行"。

胡夫葬船(摄影:让·库兹尼亚尔)

第八章 太阳船

结语

古王国时期的建筑领域，只考虑由实际实验证明的假说，体力劳作也必须能够简单地解释出来。人们可以说："我们不知道他们是如何做到的，没有证据"，但我们可以解释建造这些金字塔的方法，因为它们触手可及，而且古埃及人确实凭借自身智慧才能将这些金字塔建造得近乎完美。

我并不奢求能掌握绝对的真理，但经过具体论证的实践不正是解决问题的第一步吗？

结语 105

参考文献

A_DAM_ Jean-Pierre, Z_IEGLER_ Christiane, *Les pyramides d'Égypte*, Hachette Littératures, Paris, 1999.

A_DAM_ J.-P., *L'archéologie devant l'imposture*. Éd. R, Laffont, Paris, 1975.

A_MICONE_ Elvira d', G_IACOBINO_ Elena, *de la nature à l'art, Histoire de pierres, d'animaux et de plantes dans la Vallée du Nil*, Musée archéologique de Nice-Cimiez, 2006.

A_RNOLD_ Dieter, *Building in Egypt, Pharaonic Stone Masonry*, Oxford University Press, 1991.

B_ADAWY_, A, *Le dessin architectural chez les Anciens Égyptiens. Étude comparative des représentations égyptiennes des constructions*, Le Caire, 1990.

B_AINES_ John, M_ALEK_ Jaromir, *Atlas of Ancient Egypt*, Phaidon Oxford, 1930, Oxford University Press, Londres.

C_ÉNIVAL_, J.-L., Égypte, *Époque pharaonique*, Coll. Architecture universelle, Office du livre, Paris, 1994.

C_ORTEGGIANI_ J.-P., *Les grandes Pyramides, chronique d'un mythe*, Gallimard, Paris, 2006.

C_LARKE_ Somers, Engelbach R, *Ancient Egyptian Construction and Architecture*. New York, 1990.

D_E PUTTER_, T. Karkhausen. C., *Les pierres utilisées dans la sculpture et l'architecture de l'Égypte pharaonique*. Guide pratique illustré, Connaissance de l'Égypte Ancienne, Bruxelles, 1992.

D_ARMON_ Francine, B_ARDOT_ Jacques, *La grande pyramide de*

Khéops, Éditions du Rocher, Paris, 2006.

Dormion Gilles, *La chambre de Khéops*, Fayard, Paris, 2004.

Engelbach. R., *The aswan obelisk, with some remarks on the Ancient Engeneering*, Le Caire, 1999.

Engelbach. R., *The problem of the obelisks from a study of the unfinished obelisk at Aswan,* Londres, 1923.

Edward IES, *Les pyramides d'Égypte*, Livre de poche, Paris 1992.

Flandrin Ph., Chapuis P., *Le labyrinthe des pyramides*, Actes Sud, Le Mejan, 2011.

Golvin J.-Cl., Goyon J.-Cl., *Les bâtisseurs de Karnak*, Presses du CNRS, 1987.

Goyon G, *Le secret des bâtisseurs de la pyramide de Khéops,* Pygmalion, Paris, 1990.

Goyon J.-Cl., Golvin J.-Cl., Simon-Boidot Cl., Martinet Gilles, *La construction Pharaonique*, Picard, Paris, 2004.

Hawass Zahi, *La fantastique histoire des bâtisseurs de pyramides*, Éditions du Rocher, Paris, 2009.

Hérodote, *L'enquête*, livre I à IV, livre V à IX, Folio Classique, Paris, 1964.

Houdin Jean-Pierre, Brier Bob, *Le secret de la grande pyramide,* Fayard, Paris, 2008.

Kérisel Jean, *Génie et démesure d'un pharaon*, Khéops, Stock, Paris, 1996.

Labrousse A., Moussa A. *La chaussée du complexe funéraire du roi Ounas*, IFAO, 2012

Labrousse A., *Regard sur une pyramide*, Dis Voir, Paris, 1991.

Leclant J.-P. Raccach A., *Dans les pas des pharaons.* Hachette, Paris, 1958.

Lauer Jean-Ph., *Le mystère des pyramides*, Presse de la Cité, Paris, 1988.

Lauer Jean-Ph, *Le problème des pyramides d'Égypte*, Payot, Paris, 1952.

Lehner Mark, *The Complete Pyramids*, Thames and Hudson, London, 1997.

Malek. J., *Atlas de l'Égypte Ancienne*, Paris, 1982.

Mathieu Bernard, Meeks Dimitri, Wissa Myriam, *L'apport de l'Égypte à l'histoire des techniques*, Ed. IFAO, Le Caire, (2006) 2010.

Montet P. *La vie quotidienne en Égypte au temps des Ramsès*, Hachette, Paris, 1946.

Petrie Fl., *Arts et métiers de l'Égypte Ancienne*, Vroment et Cie, Bruxelles, 1925.

Pochan A., *L'énigme de la grande pyramide*, R. Laffont, Paris, 1971.

Stierlin H. *Les pharaons bâtisseurs*, Terrail, Paris, 1992.

Vercoutter J., *L'Égypte et la vallée du Nil,* Nouvelle Clio, Paris, PUF, 1992.

Vercoutter. J., *À la recherche de l'Égypte oubliée*, Paris, 1986.

Verner Miroslav, *The pyramids, the Mystery culture and science of Egypt greatest monuments*. Le Caire, 1997.

Vincent D., L'équerre, Paris, Office du livre, 1986.

著作权合同登记图字：01-2023-4925
图书在版编目（CIP）数据

新颖解读伟大建筑：胡夫金字塔／（法）让·库兹尼亚尔（Jean Kuzniar）著；孙维屏译. —北京：中国建筑工业出版社，2023.9
ISBN 978-7-112-28907-3

Ⅰ.①新… Ⅱ.①让…②孙… Ⅲ.①金字塔—通俗读物 Ⅳ.①K941.17-49

中国国家版本馆CIP数据核字（2023）第126102号

ORIGINAL FRENCH TITLE: La pyramide de Khéops, une solution de construction inédite
© 2017, Groupe Elidia
Éditions du Rocher
28, rue Comte Félix Gastaldi - BP 521 - 98015 Monaco
Translation © China Architecture & Building Press
The simplified Chinese translation rights arranged through Rightol Media （本书中文简体版权经由锐拓传媒取得）

责任编辑：刘颖超　戚琳琳　段　宁
书籍设计：锋尚设计
责任校对：刘梦然
校对整理：张辰双

新颖解读伟大建筑　胡夫金字塔
［法］让·库兹尼亚尔（Jean Kuzniar）　著
孙维屏　译
李子昂　校

*

中国建筑工业出版社出版、发行（北京海淀三里河路9号）
各地新华书店、建筑书店经销
北京锋尚制版有限公司制版
临西县阅读时光印刷有限公司印刷

*

开本：889毫米×1194毫米　1/24　印张：5⅙　字数：88千字
2023年10月第一版　2023年10月第一次印刷
定价：49.00元
ISBN 978-7-112-28907-3
（40237）

版权所有　翻印必究
如有内容及印装质量问题，请联系本社读者服务中心退换
电话：（010）58337283　QQ：2885381756
（地址：北京海淀三里河路9号中国建筑工业出版社604室　邮政编码：100037）